MANUAL DOS DEVAS

Nathaniel Altman

MANUAL DOS DEVAS

Como trabalhar com as energias sutis da natureza

Tradução
EDUARDO PEREIRA E FERREIRA

EDITORA PENSAMENTO
São Paulo

Título do original:
The Deva Handbook
How to Work with Nature's Subtle Energies

Publicado originalmente nos Estados Unidos por Destiny Books, uma divisão de Inner Traditions International, Rochester, Vermont.

Esta edição foi publicada mediante acordo com Inner Traditions International, Ltd.

Edição	Ano
1-2-3-4-5-6-7-8-9	98-99-00

Impressão e acabamento: Paulus Gráfica

Sumário

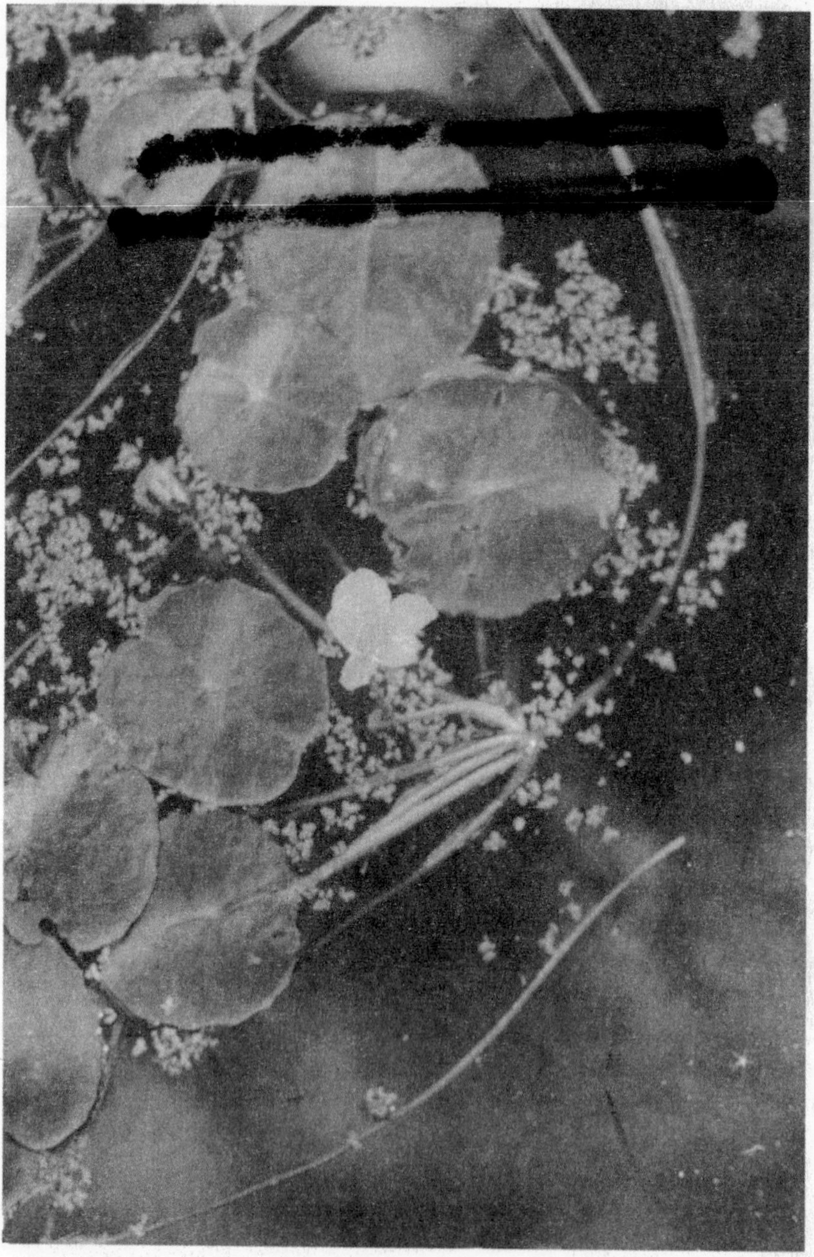

Agradecimentos

Eu gostaria de agradecer àqueles que me ajudaram a escrever este livro. Quero expressar minha gratidão a Geoffrey Hodson e a Dora Kunz, por terem me ajudado a expandir meus horizontes por meio do seu exemplo. À Jeanne H. Livingston e a John Svirsky por terem permitido que eu entrasse no seu jardim especial, à Linda James por suas idéias sobre o seu trabalho fitoterápico com os devas, e a John S. Kirslis, ao médico Patricio Pizarro e a Franko Cartin, por terem sido sem o querer meus guias nessa descoberta. Devo agradecimentos especiais a Peter G. Massey, por sua inspiração, sugestões e idéias, e a meu editor, Robin Dutcher-Bayer, por sua paciência, orientação e sugestões. Por fim, gostaria de agradecer aos devas e aos espíritos da natureza, por sua inspiração, amor e apoio durante a concepção e preparação deste manuscrito.

Prefácio

Meu interesse pelos devas surgiu depois de concluir minha faculdade em 1971, quando trabalhava como zelador das áreas verdes da sede nacional da Sociedade Teosófica Americana, em Wheaton, Illinois. Nesse verão conheci Geoffrey Hodson, um clarividente que descreve suas investigações acerca dos reinos dévicos em *The Kingdom of the Gods** e em outras obras. Mais tarde, ele se tornou meu mentor, durante o período em que foi instrutor do Krotona Institute School of Theosophy, em Ojai, Califórnia, no ano seguinte.

Meu interesse pelos devas aumentou enquanto eu trabalhava no livro *Finding Your Personal Power Spots*, que escrevi em co-autoria com o médico José Alberto Rosa (The Aquarian Press, 1985). Rosa tinha entrado em contato com os devas no interior do Brasil, onde, como terapeuta, freqüentemente dava cursos e organizava retiros. Ele descobriu que, ajudando outras pessoas a encontrar os "pontos energéticos" dentro do próprio corpo e na natureza, elas conseguiam ficar mais centradas em si mesmas e atingir um nível mais profundo de autocompreensão. Enquanto ele recebia vislumbres intuitivos diretos sobre o assunto por meio

* *O Reino dos Deuses*, publicado pela Editora Pensamento, São Paulo, 1982.

da experiência imediata, minha função principal como co-autor era fazer pesquisas bibliográficas e apresentar o material de uma forma organizada. Embora freqüentemente me sentisse inspirado pelo trabalho de Rosa, não acreditava que um dia eu seria capaz de me comunicar diretamente com os devas.

Minha primeira experiência consciente com os devas, entretanto, aconteceu vários anos depois, quando eu estava escrevendo *The Nonviolent Revolution* (Element Books, 1988). Eu estava encontrando dificuldades para escrever um capítulo sobre não-violência com relação ao meio ambiente. À medida que reunia material sobre os danos que os seres humanos vinham causando ao solo, ao ar, às águas, às plantas e aos animais, me sentia cada vez mais desanimado. Eu estava começando a sentir que não havia mais esperança de salvar o planeta da degradação ambiental, e isso bloqueou completamente minha criatividade. Embora o capítulo tivesse de ser incluído no meio do livro, era o único que eu ainda não havia redigido. Em vez disso, eu me havia dedicado aos outros capítulos com os quais me sentia mais à vontade.

Como o prazo final dado pelo editor se aproximava rapidamente, decidi ir a um dos lugares de que eu mais gostava na floresta próxima a uma cascata ao norte do Estado de Nova York. Embora naquela época eu não acreditasse que poderia me comunicar com os devas (eu achava que somente clarividentes como Hodson poderiam fazer isso), tinha a esperança de que a beleza da queda-d'água e dos arredores me inspirasse. Caneta e papel na mão, passei a tarde inteira anotando idéias para o capítulo, que pareciam fluir abundantemente. Percebi também que essas idéias não partiam da minha mente consciente. Mais tarde incluí muitas delas no tal capítulo, que achei ao mesmo tempo prático, direto e inspirador.

Mesmo assim foi só no verão de 1990 que comecei a me comunicar de fato com os devas. Eu estava passando por um período de desequilíbrio emocional, que me fazia sentir depressão, fadiga, dores e indisposições físicas diversas. Como na época eu era um hipocondríaco inveterado, eu achava que aquele mal-estar físico era um sinal de que eu não viveria muito tempo. Eu precisava me afastar um pouco da correria da cidade de Nova York; então, decidi passar uma semana sozinho no Canadá, na região onde a língua oficial é o francês.

Certa manhã, resolvi visitar o Jardim Botânico de Montreal. Cheguei lá me sentindo triste e um pouco vulnerável, e comecei a caminhar pelos jardins, parando de vez em quando para examinar melhor as árvores e outras plantas. Depois de algum tempo, sentei-me às margens de um laguinho, sob a sombra de um bosque de chorões. Uma das árvores tinha um tronco robusto, que crescia paralelo ao chão antes de arquear para cima. Julgando pela casca macia na parte superior do tronco, tratava-se de uma daquelas árvores em que as pessoas costumam subir, já que não apresentava dificuldades e podia agüentar o peso de vários adultos. Fui atraído instintivamente para a árvore, e de repente subi no tronco, deitando-me de bruços com uma perna de cada lado. Então passei a afagar a árvore com todas as minhas forças, abraçando o tronco com as pernas e os braços. Com profunda emoção e completamente alheio a mim mesmo, pedi ardentemente ajuda à árvore, sem saber conscientemente que tipo de ajuda queria.

Subitamente passei por uma tremenda alteração na consciência, sentindo que o mundo inteiro estava vivo. Também passei a ter uma consciência da natureza que aumentava cada vez mais. Em vez de me ver como observador, me sentia como parte integrante do mundo natural. Experimentava especialmente uma forte ligação energética com a árvore, ao mesmo tempo em que sentia meu estado de ânimo melhorar rapidamente. Depois de alguns minutos desci da árvore e me deitei debaixo dela, na grama. Mais tarde agradeci à árvore e continuei caminhando lentamente pelos jardins, que pareciam mais belos do que nunca.

Ao longo do passeio tive a sensação de que as flores me saudavam. Dias mais tarde, já em casa, continuei a me sentir atraído pelas flores. Levei uma caneta e um bloco de notas para o jardim de um vizinho. Embora eu ainda achasse difícil acreditar que uma flor poderia querer se comunicar comigo, decidi parar de fazer julgamentos e permanecer aberto para qualquer comunicação eventual.

Depois de admirar uma petúnia de um púrpura vivo e passar alguns minutos em calma contemplação, comecei a escrever tudo que passava pela minha cabeça. Acabei recebendo a seguinte mensagem:

> O que você vê quando olha para mim é um ser de tremenda complexidade e profundidade. Tenho a Essência Divina pulsando através de mim; a riqueza violeta da Luz Divina! Ela vem bem do centro do meu ser e se exterioriza através das minhas pétalas. Suas próprias veias também estão pulsando com o Divino. Isso vem do centro do seu ser. Bem lá das suas raízes, daquilo que você chama de base do Fogo da Kundalini. Essa energia é a sua vida.
>
> Mas com muita freqüência você não percebe inteiramente esse fato. Também não o reconhece ou compreende de fato. Além do mais, essa energia Divina muitas vezes é bloqueada; portanto, não flui perfeitamente através do seu ser. Ela pode atingir determinadas partes suas, mas trata-se de um fluxo algo parcial. No entanto ainda é belo, mesmo na sua incompletude. A incompletude representa uma esperança, uma luta, um potencial. Ela não deve necessariamente ser rotulada de "negativa".
>
> Reflita bem sobre isso, pois toda vida é movimento. Você não é menos perfeito por ser menos completo, por assim dizer. Sua meta principal — tanto no nível individual quanto no coletivo — é *o movimento*. É apreciar e tratar com carinho sua incompletude enquanto luta para se tornar completo. A incompletude é o seu mais alto estágio de ser no momento presente. Entretanto, você precisa aceitar o movimento da vida enquanto batalha rumo a um estado maior, mais desenvolvido de completude.

Logo eu estava passando boa parte dos meses de verão visitando flores em parques, jardins e terrenos baldios do Brooklyn. Eu recebia mensagens simples e animadoras sobre o papel das flores no mundo, sobre espiritualidade e consciência ecológica. Eu acreditava que se eu podia entrar em contato com a inspiração, a sabedoria e a orientação das plantas numa área urbana como o Brooklyn, as pessoas poderiam fazer o mesmo em qualquer lugar do mundo. Reuni as mensagens num caderno que chamei de "Jardim Espiritual do Brooklyn". Trechos de um bom número dessas mensagens estão incluídos neste livro.

Mais tarde, nesse mesmo ano, continuei o mesmo trabalho nas antigas florestas do Chile, da Argentina, da Costa Rica e dos Estados Unidos. Enquanto consultava os devas sobre o que os seres humanos poderiam fazer para salvar o meio ambiente deste planeta, eu sentia que estava aprendendo da própria fonte. Durante vários meses visitei árvores, rios, penhascos, lagos e até um vulcão, e perguntei aos devas que lá viviam: "O que os seres humanos podem fazer para salvar o meio ambiente?" As mensagens que recebi enchem vários cadernos. Enquanto visitava um bosque de faias amarelas no Chile, recebi inspiração para escrever o livro *Sacred Trees* (Sierra Club Books, 1994). Mais tarde estendi minhas visitas ao devas do oeste e do leste dos Estados Unidos. Recebi inspiração para escrever *O Manual dos Devas* durante uma visita a um carvalho-branco americano de 500 anos, perto de New Hope, na Pensilvânia, no verão de 1991.

Foram os devas que me orientaram acerca do formato básico deste livro, e uma parte das informações aqui apresentadas partiu deles. Isso não significa que o livro é um reflexo fiel da sabedoria dévica. Como ser humano, que tem idéias, experiência e condicionamento próprios, não posso dizer que as minhas impressões tenham ficado de fora.

O que sei, entretanto, é que neste determinado momento da história planetária (e humana) todos os seres do mundo devem se unir para evitar que a Terra passe por uma degradação ambiental ainda maior. Como a espécie animal mais poderosa do planeta, temos a chave tanto da destruição do planeta quanto da sua preservação. Isso nos dá uma oportunidade única de ajudar ativamente a regenerar a Terra. O trabalho com as forças da natureza — personificadas pelos membros do reino dévico — é um aspecto fundamental desse empenho.

Embora imperfeito e incompleto, acho que muito do material apresentado aqui pode ser útil para nos ajudar a entrar em contato com os devas, aprendendo com eles, sendo curados por eles e co-criando com os seres sutis da natureza.

Brooklyn, Nova York
Julho de 1995

PARTE UM

ELEMENTOS BÁSICOS

1

Quem São os Devas?

Poder, vida, luz; esses são os dons que a companhia dos anjos pode colocar ao alcance dos homens. Poder que é ilimitado; vida que nunca se extingue; luz ante a qual toda treva se dissipa.

— Geoffrey Hodson, Devas and Men

Quando caminhamos em meio à natureza, observamos muitas coisas. Nossa caminhada pode nos levar por morros e vales, ou através de prados cobertos de milhares de flores silvestres. Podemos saltar de uma pedra para outra ao cruzar uma corredeira, ou refrescar nossos pés nas águas de um lago na montanha. Nossa jornada pode nos levar através de densas florestas, morada de árvores que ali se erguem há centenas de anos.

Quando rodeados pela natureza, nossa percepção muitas vezes vai além da consciência dos nossos cinco sentidos. Ao sentir a beleza de uma queda-d'água, a imponência de uma árvore, ou a fragrância de uma flor silvestre, a maioria de nós, uma vez ou outra, já percebeu "algo mais": sensações de paz, bem-estar, cura ou proteção. Muitas vezes voltamos de uma caminhada em meio à natureza com uma nova inspiração, com soluções inesperadas para problemas difíceis e novas revelações sobre a nossa vida e nossos relacionamentos.

Tradições nativas ao redor do mundo têm ensinado que, além de sermos sensíveis à beleza exterior de uma queda-d'água, de uma árvore ou de uma flor, freqüentemente percebemos os reinos interiores da existência, que estão ligados a essas formas externas. Crê-se que essas energias assumem corpos físicos sutis que raramente são vistos, mas são freqüentemente percebidos por meio da intuição. Elas são conhecidas por nomes diferentes: anjos, espíritos da natureza, fadas, silfos, orixás — ou pelo termo sânscrito devas, que significa "seres brilhantes".

Os devas podem ser definidos como formas, imagens ou expressões por meio das quais as essências e forças energéticas do Criador ou do Grande Espírito podem ser transmitidas; ou formas por meio das quais uma determinada forma de energia da Terra ou de força vital pode ser transmitida para um propósito específico. Embora tanto seres humanos como devas canalizem e direcionem energia, acredita-se que os devas sigam um caminho evolutivo diferente, ainda que paralelo ao nosso. Assim como nós, eles escolhem a Terra como um lar onde podem viver e trabalhar, e como o lugar para adquirir sabedoria e experiência de vida.

A HIERARQUIA ANGÉLICA

A visão humana dos devas crava suas raízes nos nossos mais antigos registros históricos. Os devas foram descritos de forma diversa na Bíblia, no Alcorão, nos Vedas e no Bhagavad Gita — e em mitos e lendas da Grécia e de Roma antigas, de países como o México, a China e o Japão, e de várias regiões da África e da Oceania — como mensageiros, membros de uma corte celeste, auxiliares, grupos de guerreiros, fontes de poder de cura, anjos da guarda e guias espirituais. Foram considerados princípios energéticos luminosos que se encontram por trás de todos os fenômenos, e trabalham tanto com a natureza quanto com o cosmo para orientar a evolução da vida.

Há literalmente milhares de tipos diferentes de devas, variando da mais minúscula dríade de uma flor silvestre ao maior arcanjo solar, e o reino dos devas é tão vasto quanto o próprio universo. Na Índia, os devas são vistos como reflexos originais da Divindade Infinita e Una, a fonte de toda a criação no universo. A literatura religiosa e metafísica costuma descrever os devas mais importantes como arcanjos solares de tamanho e poder incríveis, que supervisionam a evolução do sistema solar e dos planetas. Na literatura ocidental, entre os deuses solares, incluem-se Aloah va Daath (cabalístico), Apolo e Hélio (gregos), Rá, Hórus e Osíris (egípcios), Bálder (nórdico) e Lugh, Dagda e Hu (celtas). No Oriente, os antigos japoneses adoravam o arcanjo solar na figura da deusa Amaterasu-oko-mi-kami, os maoris o chamavam Tamanuitera, e os Vedas se referiam a ele como Surya, " O olho único daquilo que existe, que enxerga além do céu, da terra, das águas".

Os arcanjos solares são ajudados por arcanjos planetários, que estão associados a cada um dos planetas do sistema solar. Os arcanjos planetários são uma síntese de todos os arcanjos, anjos e espíritos da natureza que existem dentro do campo planetário. Aqui na Terra, o arcanjo planetário é conhecido por um grande número de nomes; muitas vezes designado pelo termo genérico de "Mãe Terra", era conhecido como Gaia pelos gregos, como Chomolungma pelos tibetanos, como Pachamama pelos incas, como Rinda pelos povos nórdicos e como Tailtiu pelos celtas.

Os arcanjos planetários, por sua vez, são ajudados por anjos ligados à evolução dos quatro elementos: fogo, terra, ar e água. Esses grandes "anjos dos elementos" são assistidos por devas que orientam a evolução das diferentes espécies de plantas, animais e insetos, assim como cada grupo, divisão e classificação de rocha e mineral. Esses devas estariam ligados àquilo que é conhecido pelos ocultistas como "alma grupal", e se encontrariam por trás do instinto e da inteligência de diferentes espécies animais. Uma alma grupal associada às abelhas, por exemplo, estimularia o instinto natural desses insetos relacionado com o vôo, a procura de alimento, a polinização das flores, a construção e conservação das colméias, a defesa contra predadores, a reprodução e a observância de um esquema de organização social que é próprio e exclusivo dessa espécie.

A outros gêneros de devas, relacionados com diferentes religiões, é confiado o dever de ajudar na evolução espiritual dos devotos da seita a qual estão ligados. A literatura de muitas das religiões do mundo (incluindo a Cabala, a Bíblia, os Vedas, o Popul Vuh e o Alcorão) falam exaustivamente desse tipo de arcanjo. Talvez a mais notável referência contemporânea tenha sido registrada por Joseph Smith, um americano nascido no século XIX que fundou a Igreja de Jesus Cristo dos Santos dos Últimos Dias. Depois de ter recebido a visita do anjo Moroni, Smith escreveu no *The Book of Mormon*:

> Ele me chamou pelo nome, dizendo que era um mensageiro enviado a mim da presença de Deus e que seu nome era Moroni; que Deus tinha para mim uma tarefa... Disse-me que havia um livro guardado, escrito em lâminas de ouro, que dava uma descrição dos antigos habitantes deste continente, e também de sua origem. Disse também que a plenitude do Evangelho eterno está contida ali, assim como fora entregue pelo Salvador aos antigos habitantes.

Muitos eventos religiosos e históricos importantes (tais como o aparecimento do arcanjo Gabriel na *mir'aj* ou a Noite da Ascensão do profeta Maomé, e a intervenção do arcanjo Miguel, segurando a mão de Abraão que estava prestes a matar seu filho, Isaac, em sacrifício) ocorreram por meio da intercessão dos devas. Anjos menores associados a esses grandes arcanjos estão ligados a determinados lugares de adoração e são atraídos para qualquer lugar onde um culto religioso se realize, seja uma igreja, sinagoga, mesquita ou habitação coletiva indígena, um albergue para pessoas desabrigadas, um altar doméstico ou uma cerimônia ao ar livre para celebrar o início da primavera. Dizem que esses devas transmitem amor, sabedoria, saúde e inspiração a todos os que tomam parte no culto.

Além dos anjos das religiões, muitos crêem que existem também anjos que reinam sobre cada nação do mundo. Eles canalizam sua energia única para fortalecer a "qualidade básica" de cada nação, e para ajudar na evolução daqueles que escolhem essa nação em particular como a arena de sua experiência de vida. Há também anjos do amor, da vontade, da harmonia, da sabedoria, do movimento, da forma, da construção, da destruição, da música, da beleza e da cura. O arcanjo Rafael, por exemplo, é o deva mais conhecido dentro do Cristianismo quando se fala em cura, enquanto Omolu é considerado o orixá da cura entre aqueles que praticam a religião do candomblé no Brasil. Na mitologia hindu, o *mahadeva* ("grande deus") Shiva é um anjo de primeira grandeza. No seu papel de destruidor, Shiva destrói para permitir que a matéria se regenere num plano superior de existência.

Acredita-se também que determinados arcanjos governam o progresso de grandes épocas da evolução e do desenvolvimento cultural da humanidade, e canalizam sua energia única em benefício dela. Em *The Mission of the Archangel Michael*, o místico e filósofo Rudolf Steiner descreve como o período da Renascença (1510-1879) foi inspirado pelo arcanjo Gabriel, cuja energia propiciava a encarnação. Durante o período em que sua influência foi mais forte, a humanidade dedicou-se a viagens exploratórias, ao desenvolvimento científico, cultural e econômico, e à colonização da Terra. A época atual (desde 1879) é orientada pelo arcanjo Miguel. Steiner acreditava que parte da missão de Miguel era afastar a humanidade de uma forma de vida materialista, mundana, em prol de uma existência mais espiritual, sem abandonar no entanto nossa ligação primeva com a Terra.

Algumas religiões ocidentais pregam a existência de anjos da guarda, um deva pessoal que nos guia e protege por toda a vida.

No Êxodo 23:20-21, Yahweh declara a Moisés: "Eis que envio um anjo diante de ti para que te guarde pelo caminho e te conduza ao lugar que tenho preparado para ti. Respeita a sua presença e observa a sua voz." Os anjos da guarda são há muito tempo considerados guias que ajudam a supervisionar os processos da nossa evolução pessoal, e que nos oferecem orientação, apoio e ajuda à medida que trilhamos o caminho freqüentemente árduo de viver no mundo cotidiano.

DEVAS DA NATUREZA

Além dos devas que formam os escalões superiores da hierarquia dos seres angélicos, há ainda uma grande variedade de devas ligados à natureza. Como esses são os devas que mais se associam aos seres humanos, eles serão o tema principal deste livro.

As opiniões a respeito do que diferencia um deva de um espírito da natureza variam; estes às vezes representam duas expressões e funções diferentes dentro da natureza. Machaelle Small Wright, a fundadora do Perelandra Garden na zona rural da Virgínia, diz que um deva representa um aspecto mais "universal e dinâmico" da consciência, e, como um arquiteto, ele organiza e cria formas naturais. Um "espírito da natureza", em contraste, é "um nível inteligente de consciência dentro da natureza que trabalha em parceria com o nível dévico e que é responsável pela fusão e conservação da energia numa forma apropriada. Cada região tem seus próprios espíritos da natureza, que estão ligados a territórios específicos".

Outros pesquisadores discordam, sustentando que, na verdade, os devas é que são ligados a territórios específicos. Nos livros *O Reino dos Deuses* e *Clairvoyant Investigations*, Geoffrey Hodson se refere aos devas como seres vinculados a uma determinada árvore, montanha, formação rochosa ou parque. (Numa de suas

Vulcão Villarrica, Chile

histórias mais interessantes, ele descreve como o Deva do Parque Cornwall, em Auckland, na Nova Zelândia, envia energia dévica a um hospital próximo, ajudando tanto os pacientes como os médicos. Em *Clairvoyant Investigations*, Hodson observa que "médicos que são suficientemente sensíveis [ao deva] algumas vezes recebem orientação que se manifesta por meio de tendências a acatar idéias instintivas — especialmente quando os médicos não conseguem chegar a um diagnóstico preciso acerca do estado de saúde do paciente".

Embora a distinção entre devas e espíritos da natureza possa ser valiosa do ponto de vista intelectual, não vamos nos preocupar neste livro com essa diferença. Em muitos casos, ambos os termos podem ser usados. Já que tanto os devas como os espíritos da natureza partilham a consciência dévica, nosso objetivo é comungar e trabalhar com qualquer membro dos reinos dévicos que aceite o nosso amor, respeito e cooperação. Como veremos adiante, seres sutis da natureza têm funções e poderes diferentes, e muitos se ajudam mutuamente de incontáveis maneiras. Um grande deva ligado a uma grande cadeia de montanhas, muito provavelmente terá uma ampla variedade de auxiliares dévicos trabalhando harmoniosamente com ele. Alguns podem ser classificados como "elementais", que ajudam os devas maiores num nível bem básico, não muito diferente da forma como as abelhas operárias assistem à rainha.

Se temos o privilégio de trabalhar com um ser sutil da natureza, isso significa que estamos em sintonia com a sua energia. Portanto, iremos atrair o ser da natureza apropriado segundo a nossa sinceridade, nosso nível de energia e o trabalho que pretendemos realizar juntos. De acordo com meu ponto de vista, não importa se comungamos diretamente com um deva poderoso de uma grande montanha, um espírito da natureza que toma conta de um arvoredo nos contrafortes, ou um minúsculo elemental que acompanha a evolução de uma flor que cresce à margem de uma trilha na montanha. Embora diferentes, todos esses seres sutis da natureza são parte de *uma única consciência*. Se desejarmos comungar com eles de uma forma amorosa e respeitosa, atrairemos naturalmente o ser da natureza mais adequado no momento apropriado.

QUATRO TIPOS BÁSICOS DE ESPÍRITOS DA NATUREZA

Em termos gerais, os seres sutis da natureza se classificam em quatro grupos principais, relacionados com os quatro elementos primários da criação.

Terra

Os espíritos da natureza da terra estão ligados a todas as áreas da superfície do solo, incluindo campos, montanhas, desertos, formações rochosas e áreas de terra cobertas de água. Eles estão ligados à formação e à evolução dos componentes químicos dos minerais, os elementos que constituem a crosta terrestre. Como os homens são seres que têm o solo como base, é muito provável que os devas da terra convivam conosco, e portanto eles são considerados os membros mais conhecidos do reino dévico. Da mesma forma que outros espíritos da natureza, os devas associados à terra podem variar em tamanho e poder; os devas vinculados a campos e afloramentos rochosos podem variar de várias polegadas a vários pés de altura, enquanto que um deva da terra que acompanha a evolução de uma alta montanha pode ser duas vezes maior do que a própria montanha.

As "dríades", uma variedade de espírito da natureza, estão ligadas, a princípio, a árvores e a outros membros do reino vegetal. Como outros devas da natureza, seu poder e tamanho dependem da forma física com a qual estão associadas. Determinadas dríades altamente desenvolvidas podem estar ligadas à evolução de toda uma floresta, em vez de apenas à evolução de uma única árvore.

Água

Os espíritos da natureza vinculados à água são conhecidos como "ondinas". São encontradas dentro e sobre oceanos, lagos, rios, riachos e quedas-d'água. Seu tamanho e poder variam de acordo com seu nível de evolução, com sua localização e com sua tarefa na vida. O deva associado a um lugar como as Cataratas do Niágara, por exemplo, foi descrito como um ser luminoso, imponente, de centenas de pés de altura, cuja largura abarca as cataratas do lado canadense e americano. No folclore, as ondinas freqüentemente foram descritas como seres do sexo feminino, embora diferenças claras entre masculino e feminino não se apliquem geralmente aos devas.

Fogo

Os espíritos da natureza do fogo são conhecidos nas mitologias grega e sânscrita como "salamandras". São ligadas à energia do Sol, e se encontrariam principalmente em locais da natureza que recebem a luz do Sol em profusão, como praias e desertos. Já que os devas são os "arcabouços energéticos" em torno dos quais a matéria física toma sua forma, as salamandras se manifestariam, na realidade, juntamente com os fogos internos da terra (tais como vulcões e outros locais de atividade termal), assim como com os raios e chamas em geral. Na mitologia maia, por exemplo, o deus Kakupacat — que, conforme a crença, manifestava-se por meio de vulcões — seria considerado uma salamandra assim como o deus Kinichkakmo, que era associado primariamente a labaredas que ocorriam na superfície e ao fogo em geral.

Ar

Na literatura cabalística, os elementais do ar são conhecidos como "silfos". Conta-se que esses seres estão ligados à formação das nuvens e às leis que regem o movimento do vento. Se você for a um local em que venta muito (seja no alto de um edifício ou num penhasco à beira do mar) é bem possível que você esteja no reino dos silfos.

Os silfos foram descritos no folclore e na literatura esotérica como seres coloridos, de tamanho próximo ao humano, e que se movem pelo ar a grandes velocidades. Na China, foram personificados por Feng Po, o deus dos ventos, que era pintado como um homem velho de barba branca, vestindo um manto amarelo e um barrete azul e vermelho; nas mãos ele traz um saco que contém vento. Em *O Reino dos Deuses*, Geoffrey Hodson descreve os silfos como seres alados. Diz ele: "Enquanto eles rodopiam e voam pela grande abóbada celeste, energias de cores brilhantes reluzem com extrema rapidez entre eles e na região circundante, mas principalmente no ar acima deles."

É importante lembrar que os devas que representam esses quatro elementos raramente aparecem na natureza separadamente. Se você fosse a uma cachoeira, por exemplo, estaria visitando o reino dos espíritos da natureza ligados à água corrente (às quedas propriamente ditas), à terra (às rochas sobre as quais as águas correm) e, muito provavelmente, ao vento. Além disso, as energias dos devas freqüentemente se misturam, já que eles trabalham juntos para cumprir suas tarefas na natureza.

Como os espíritos da natureza estão ligados, de várias formas, a cada aspecto da criação terrena (incluindo ventos, chuva, montanhas, rios, árvores, arbustos, flores, gramíneas, algas, penhascos e formações rochosas), existem muito mais desses seres do que podemos imaginar. Ainda que jamais tenha sido feito um "censo dos devas", alguns estudiosos especulam que eles podem facilmente atingir a casa dos bilhões, e que provavelmente há mais devas povoando a Terra do que seres humanos e outros animais juntos.

QUAL É A APARÊNCIA DELES?

A aparência dos espíritos da natureza é bastante subjetiva; um tipo semelhante de deva pode ser retratado de forma diferente por pessoas de culturas diferentes. Por exemplo, as dríades no folclore irlandês assumiam geralmente a aparência de duendes, enquanto para os nativos da Ilha do Sul da Nova Zelândia elas se pareciam com os guerreiros maoris primitivos. A aparência dos devas também muda de acordo com a pessoa que os observa, pois cada um de nós tem uma visão particular da vida, baseada na genética, no conhecimento adquirido ou no condicionamento cultural. Sabemos que se dois artistas observassem a mesma árvore, com toda a certeza a retratariam de maneira bem diferente. Mesmo dois cientistas, quando analisando o mesmo fenômeno químico ou biológico, freqüentemente têm interpretações diferentes do mesmo evento. O mesmo parece ocorrer quando duas pessoas descrevem a aparência de um deva. Além disso, a forma do deva pode variar consideravelmente, e pode mudar conforme a vontade dele.

No folclore japonês, o deva de uma ameixeira sagrada foi retratado como uma bela donzela, enquanto na *Odisséia** de Homero, a ninfa Calipso aparece como uma "deusa brilhante", vestindo uma "túnica branca cintilante, finamente tecida e encantadora". Na religião afro-brasileira do candomblé, Oxumarê, a divindade andrógina do arco-íris, é descrito tanto como um valoroso guerreiro quanto como uma bela mulher, ostentando um colar de contas amarelas com listras verdes, um turbante multicolorido e um traje ritual feito de musselina verde bordada. Uma descrição contemporânea de um deva observado por meio da clarividência de Geoffrey Hodson é encontrada em seu livro *Man's Supersensory and Spiritual Powers:*

> Há diversas camadas de energia dentro das auras [campos de força] dos anjos, cada camada com seu próprio matiz e direção de fluxo. O efeito geral é de tafetá brilhantemente colorido, furta-cor, composto de energias que fluem, e não de substância sólida e em movimento constante, como o de ondas. Através dessas muitas ... emanações, que partem de dentro para fora, torrentes de energia radiante, em geral branca e de brilho ofuscante, estão continuamente cintilando.

Como a maioria dos seres humanos ainda não desenvolveu a clarividência, o principal meio pelo qual podemos perceber a pre-

* Publicado pela Editora Cultrix, São Paulo, 1968.

sença de um espírito da natureza é a intuição. Através dela, somos capazes de perceber mais a "essência" do que a "forma" do deva. Embora a capacidade de ver o esplendor de suas formas sutis possa estar entre as mais magníficas experiências que um ser humano pode ter, o fato de não vermos os devas não significa que não possamos reconhecer sua presença e trabalhar com eles para nosso benefício mútuo. Da mesma forma, não podemos ver a eletricidade, mas estamos cientes da tremenda importância que ela tem no nosso dia-a-dia.

ONDE ELES SÃO ENCONTRADOS?

Como estão ligados aos processos naturais da natureza, os devas da terra são tradicionalmente retratados em regiões remotas que não são normalmente habitadas por seres humanos, tais como florestas, cimos de montanhas, áreas desérticas e regiões isoladas próximas dos Pólos Norte e Sul. Entretanto, eles podem ser encontrados em qualquer lugar do planeta onde a vida se origina da terra, especialmente nos locais em que existem acidentes geográficos importantes, como quedas-d'água, montanhas, vulcões, penhascos, rios e lagos, mesmo que esses locais estejam rodeados por habitantes humanos. São também encontrados em parques, bosques e jardins de todos os tipos, mesmo em grandes cidades. Os devas estão presentes especialmente onde quer que haja uma grande atividade meteorológica, tal como locais em que venta muito, e estão ligados à formação de arco-íris, de tempestades e de tornados.

Muitos dos mais imponentes marcos físicos da Terra são há muito tempo considerados como moradas dos mais majestosos espíritos da natureza do planeta, e são importantes "pontos energéticos" tanto para a população local como para os turistas. Muitos são objeto de mitos e lendas. Os aborígines da Austrália, por exemplo, sempre acreditaram que o Uluru (Ayers Rock) é um templo sagrado na terra e um centro de magnetismo e fertilidade telúricos, enquanto o monte Everest é tradicionalmente considerado pelos tibetanos a morada da Mãe Terra. Os antigos havaianos acreditavam que o vulcão Mauna Loa era o lar da deusa Pele, enquanto a mitologia hindu ensina que a deusa Ganga se transformava no rio Ganges, que flui do dedão do pé do deus Vishnu, "O Preservador". Há provavelmente centenas desses pontos energéticos na Terra. Entre os maiores (e mais conhecidos), incluem-se as seguintes montanhas, vulcões, cânions, lagos, rios e quedas-d'água em continentes diversos do mundo:

América do Norte

Monte McKinley-Denali (Alasca-EUA)
Grand Canyon (Arizona-EUA)
Vale da Morte (Califórnia-EUA)
Monte Shasta (Califórnia-EUA)
Pico Pike (Colorado-EUA)
Vulcão Mauna Loa (Havaí-EUA)
Copper Canyon (México)
Cataratas do Niágara (Ontário-Canadá e Nova York-EUA)
Lago da Cratera (Oregon-EUA)
Monte Hood (Oregon-EUA)
Ponte Ranier (Washington-EUA)
Gêiser Old Faithful (Parque Nacional Yellowstone, Wyoming-EUA)
Monte Logan (Território do Yukon)

Europa

Stonehenge (Inglaterra)
White Cliffs de Dover (Inglaterra)
Mont Blanc (França e Itália)
Vulcões Eldfell e Helgafell (Islândia)
Monte Vesúvio (Itália)

Desfiladeiro Naerodal (Noruega)
Monte Elbruz (Rússia)
Mer de Glace (Suíça)

Ásia

Cataratas de Huanggoushu (China)
Rio Ganges (Índia)
Cataratas de Mawsmai (Índia)
Monte Hebron (Israel)
Monte Fuji (Japão)
Cataratas de Khone (Laos e Camboja)
Annapurna (Nepal)
Monte Everest (Nepal e Tibete)
Lago Baikal (Rússia)
Vale dos Gêiseres (Rússia)

Américas do Sul e Central

Lago Nahuel Huapí (Argentina)
Monte Aconcágua (Argentina)
Cataratas do Iguaçu (Brasil e Argentina)
Torres del Paine (Chile)
Vulcão Irazú (Costa Rica)
Ilhas Galápagos (Equador)
Monte Chimborazo (Equador)
Machu Picchu (Peru)
Lago Titicaca (Peru e Bolívia)
Cataratas Ángel (Venezuela)

África

Rio Nilo (Egito)
Lago Vitória (Quênia, Tanzânia e Uganda)
Montanha Table (África do Sul)
Cataratas do Tugela (África do Sul)

Monte Kilimanjaro (Tanzânia)
Cataratas Vitória (Zâmbia e Zimbábue)

Oceania

Ayers Rock-Uluru (Austrália)
Monte Kosciusko (Austrália)
Monte Jaya (Indonésia)
Monte Cook-Aorangi (Nova Zelândia)
Gêiseres de Rotorua (Nova Zelândia)
Wangerei Headlands (Nova Zelândia)

Os espíritos da natureza também podem ser encontrados em abundância nas grandes áreas cobertas por florestas, incluindo as florestas de sequóia *redwood* e os bosques de sequóia da Califórnia, as florestas equatoriais do Brasil, da América Central e da Indonésia, e as vastas florestas de coníferas do Alasca, do Canadá, da Escandinávia e da Rússia.

O QUE ELES FAZEM?

Os espíritos da natureza revelam a vida oculta e formativa que trabalha no interior (e por meio de) todas as coisas vivas da natureza. São, em essência, um agente mediante o qual a Energia Divina se manifesta, e também um "modelo" que permite que essa energia se expresse no mundo físico. Além disso, os devas servem como uma espécie de transformador que "reduz" essa energia e sabedoria cósmicas a uma freqüência que torne possível sua utilização num plano físico.

Como canais da sabedoria e energia da Terra, eles contribuem para a evolução de montanhas, formações rochosas, lagos, rios, oceanos, árvores e outros vegetais. Por meio da sabedoria à qual nos referimos como "leis da natureza", eles governam a criação, a adaptação e o crescimento relacionados aos quatro elementos: fogo, ar, terra e água. Eles participam do processo natural de limpeza de um lago, da fotossíntese de uma árvore, do crescimento de musgos e de algas marinhas e das intensas atividades térmicas de um vulcão em erupção.

Os devas estão relacionados com as leis que regem o movimento dos ventos e ajudam na formação da chuva e de outros fenômenos meteorológicos. Em essência, os espíritos da natureza auxiliam nos processos fundamentais da criação da vida e ajudam a preservar e proteger a integridade e a harmonia dentro da região da Terra que conhecemos como biosfera.

Os devas são considerados especialistas em natureza, e podem desempenhar uma função específica ou uma variedade de tarefas diferentes. Alguns ajudam nos processos de construção e criação de novas formas (estabelecendo, inclusive, limites ao crescimento e ao desenvolvimento da forma), enquanto outros se incumbem da destruição das formas velhas.

Machaelle Small Wright criou o famoso Perelandra Garden em Warrenton, na Virgínia, com a orientação e cooperação de muitos devas, incluindo um ser que ela identifica como Pã. No *Perelandra Garden Workbook*, Wright cita esta mensagem de Pã: "Em cada jardim há uma tropa de espíritos da natureza auxiliando no processo de constituição e enriquecimento do solo. O trabalho desses seres é principalmente incorporar ao terreno o modelo de constituição do solo, e auxiliar o desdobramento e desenvolvimento desse modelo."

Alguns devas fornecem inspiração, enquanto outros oferecem proteção. Alguns facilitam a comunicação e a divulgação de informações, enquanto outros estão incumbidos de renovar e curar. Embora passem despercebidos e não sejam reconhecidos pela maioria das pessoas, os devas fazem realmente parte do mundo em que vivemos.

A COMUNICAÇÃO ENTRE DEVAS E SERES HUMANOS

A maior parte de nós sabe instintivamente que os devas existem, embora poucos de nós já tenham de fato visto um deles. Em nossa mais tenra infância, inconscientemente, procurávamos por essas criaturas em regiões "especiais" do nosso mundo; muitos de nós tinham uma árvore favorita no quintal, ou um amontoado de pedras no parque que costumávamos procurar quando queríamos sonhar um pouco ou ler um livro. Aqueles que viveram na zona rural talvez tivessem um bosque especial para o qual corriam quando estavam aborrecidos e desejavam ficar a sós. Durante um acampamento de verão, alguns de nós passariam horas à beira de um lago, fazendo planos para o futuro. Enquanto estávamos nesses lugares especiais, pode ser que tenhamos sentido bem-estar, tranqüilidade, serenidade e a impressão de sermos aceitos. Alguns de nós tinham até mesmo "amigos invisíveis" na mata ou no jardim, com os quais conversávamos e brincávamos. Se você também teve esse tipo de percepção ou sensação, há grande possibilidade de ter entrado em contato com um ou mais devas ligados a esses locais.

Os devas podem se comunicar com seres humanos de várias formas. Algumas pessoas clarividentes conseguem ver as formas físicas sutis dos devas. Outros "ouvem" os devas, e registram as mensagens deles através de sua própria voz ou por escrito. Algumas pessoas se sentem inspiradas a desenhar figuras que representam a essência da informação recebida dos espíritos da natureza. Entretanto, a grande maioria de nós pode captar as mensagens desses seres por meio da intuição. Cultivando nossos dons humanos inatos como o poder de observação, a curiosidade e o respeito, podemos aprender como nos tornar mais abertos ao mundo a nossa volta, incluindo os reinos sutis dos devas. É também importante lembrar que os devas muitas vezes nos inspiram "idéias-sementes" e outras espécies de contato sutil. Embora

A Árvore Favorita, Los Angeles, Califórnia

possamos não sentir a influência dessa ligação com os devas no momento em que estamos em contato com a natureza, podemos percebê-la mais tarde, especialmente enquanto sonhamos.

A cooperação entre o homem e os devas pode se dar num bom número de áreas importantes. Já que estão intimamente ligados à evolução da vida natural, os devas podem nos ensinar a compreender a natureza e nos ajudar a reconhecer nosso lugar no mundo natural. Eles nos ajudam a admirar a tremenda variedade de formas naturais e nos mostram como respeitar tanto a sabedoria que criou essas formas como a força vital que as anima. Os devas podem dar conselhos práticos relacionados com a preservação, com a proteção ambiental, com o reflorestamento e controle florestal, com a agricultura, a jardinagem, o projeto e conservação de parques e de outras áreas verdes e o uso apropriado de plantas para cura e inspiração.

Os devas também podem nos ajudar a experimentar uma sensação mais viva de harmonia com o nosso eu natural, o que nos propiciará mais segurança, sensibilidade e sabedoria. Eles nos ajudam a descobrir as qualidades que fazem de nós seres humanos, e no entanto deixam que fiquemos em contato com a nossa essência e com os nossos instintos "animais" naturais. Para muitos de nós, esse é um solo totalmente inexplorado, embora, lá no fundo do coração, seja algo que procuramos atingir. Trabalhar com os devas pode nos ajudar a caminhar sobre a Terra em equilíbrio, com sensibilidade e respeito.

Os devas, além do mais, podem ser um canal para as propriedades de cura inatas da natureza. Aprendendo a comungar com eles, podemos nos beneficiar da sua capacidade de dar proteção, conforto e cura. Eles nos ajudam a ser mais corajosos, verdadeiros e a sentir mais compaixão. Também nos ajudam a manifestar essas qualidades na vida cotidiana. Por fim, os devas podem nos ajudar a sintonizar melhor o corpo, a mente e as emoções, para que fiquemos mais em harmonia com o nosso mundo interior e exterior.

Quando nos propomos a comungar e cooperar com os seres sutis da natureza, eles também se beneficiam. Nós os assistimos no cumprimento de suas tarefas de criação, evolução e integração, principalmente quando elas se destinam a defender, proteger e ajudar a restaurar a Terra. Proporcionamos aos devas vislumbres esclarecedores e perspectivas que são tipicamente humanas, e lhes apresentamos um campo de experiência de que precisam para sua própria evolução.

Como somos uma parte viva deste planeta, o contato com as forças sutis da natureza é nosso direito inato. Restabelecendo nossa conexão perdida com os seres sutis da natureza, ajudamos o nosso processo de cura e também o processo de cura da Terra em que vivemos.

O DESAFIO E A OPORTUNIDADE

Das questões com que depara a humanidade, não há preocupação maior que a sobrevivência do planeta. Como um enorme organismo vivo que nos dá alimento, proteção e sustento, a Terra é essencialmente — como pensavam os índios americanos — nossa "mãe", no sentido mais profundo e completo da palavra.

Apesar da sua vastidão, força e generosidade, a Mãe Terra vem sofrendo um abuso constante por parte dos homens. Grandes florestas estão sendo destruídas numa proporção de milhares de acres por dia; a poluição das cidades, fábricas e automóveis sufoca os rios e os lagos e piora a qualidade do ar; a erosão torna estéril o solo outrora fértil, e concorre para a pobreza e a fome em muitas partes do mundo. Muitos crêem que, se essas tendências não mudarem, a Terra não conseguirá mais manter a população humana, sem falar nos outros animais e nos vegetais que dividem conosco esta casa.

Neste momento crítico da história do planeta, um número cada vez maior de seres humanos está começando a dedicar suas energias à salvação da nossa morada planetária. Os esforços nas áreas de educação ambiental, reciclagem, conservação e reflorestamento caminham a passos largos. Um número crescente de pessoas busca "voltar às raízes" e recuperar sua ligação perdida com a terra e com a sabedoria natural que dela advém. Elas também estão tentando se ligar novamente à sua própria natureza "animal" por meio de tradições xamânicas e neoxamânicas — tais como tambores e cânticos rituais, a busca de visões e a ingestão de plantas psicotrópicas — com a esperança de chegar mais próximas da sabedoria natural, da intuição profunda e da capacidade de perceber a energia e os ritmos da Terra.

Segundo Dora Van Gelder Kunz, cujo poder de clarividência foi descrito no livro *Breakthrough to Creativity*, de Shafica Karagulla, a tarefa primordial dos devas é transmitir e direcionar a energia. Embora se interessem pela Terra como um todo e não só pela humanidade, eles direcionam essa força àqueles de nós cuja energia está em sincronia com a deles e que estão prontos para recebê-la. Ela diz que à medida que cresce o número de pessoas que se dedica à proteção ambiental, aumentam também as oportunidades de comunicação entre os devas e os homens.

Como os devas são canais desobstruídos e poderosos da sabedoria da Terra, eles podem nos proporcionar as perspectivas, os enfoques e as informações necessárias para viver em harmonia com a natureza, e para desenvolver estratégias viáveis e duradouras que ajudem na preservação e restauração da Terra. Eles são um recurso que não levamos em conta ou costumamos utilizar mal quando nos propomos a ajudar a salvar o planeta. Na verdade, eles podem ser aliados poderosíssimos, nos ensinando a perceber aquilo que a Terra necessita e qual a melhor forma de satisfazer essas necessidades.

2

Devas e Seres Humanos: Nossa Ligação Esquecida

> *O que a natureza nos diz desperta algo profundo no nosso coração. Os anjos falam em alegria, de alegria e coisas eternas, mesmo em meio à preocupação pela maneira como a humanidade está prejudicando seu trabalho na Terra. Eles nos lembram de nosso destino como construtores, e não destruidores, do planeta como um todo. Incitam-nos a um maior desenvolvimento. Sua mensagem é algo a que se deve dar ouvidos, algo a acatar e a pôr em prática.*
>
> — *Dorothy Maclean, To Honor the Earth*

Pode-se remontar a relação entre homens e devas à aurora da história humana, e essa ligação é uma parte integrante dos ensinamentos religiosos de muitas partes do mundo. Os espíritos da natureza eram reconhecidos e reverenciados no antigo Egito, na Grécia, no Japão, na China, na Índia e em Roma, e são ainda parte de muitas culturas tradicionais, como aquelas dos aborígines australianos, dos shuares do Equador, dos cunas do Panamá e da Colômbia e dos maoris da Nova Zelândia, além dos navajos, ojibways, cholulas e outros povos nativos da América do Norte. Os sacerdotes da Grécia Antiga costumavam dormir sob os carvalhos de Dodona para assim captar a sabedoria dos espíritos da natureza que denominavam dríades; os praticantes do candomblé na África visitavam um rio para pedir ao deva (conhecido como Oxum) bênção e proteção antes de contrair matrimônio. A mitologia dos índios americanos, assim como a dos celtas, egípcios, gregos, judeus, chineses e japoneses, está repleta de histórias de árvores "falantes", quedas-d'água que curam, câmaras e círculos sagrados de pedra, bosques mágicos e montanhas sagradas. De acordo com a mitologia grega, o deus do Olimpo, Zeus, comunicava-se com os mortais por meio dos carvalhos sagrados de Dodona, onde sacerdotes e sacerdotisas iam consultar o oráculo através da interpretação do farfalhar das folhas. Os tlahuicas do México, que tinham uma crença semelhante, acreditavam que as árvores lhes falavam sussurrando quando o vento balançava as folhas. De fato, o símbolo dos tlahuicas para a fala era uma árvore com três ramos, que mais tarde foi adotado no selo oficial da cidade de Cuernavaca.

Ao longo de toda a história humana, os devas ligados a essas formas naturais foram reconhecidos como fontes poderosas de sabedoria telúrica para aqueles que estão abertos às suas mensagens. A comunhão com as forças sutis da natureza não é encarada como superstição, mas como um modo prático de entrar em contato com a sabedoria e com a força de cura da Terra, e de possibilitar à humanidade viver em harmonia com o resto do mundo natural.

Essa visão de mundo que privilegia o contato com a Terra contrasta com as crenças culturais dominantes a respeito da relação do homem com a natureza. Conforme essas crenças, há uma separação clara entre o céu e a terra, bem como entre o corpo e o espírito. O Cristianismo, em especial, opõe-se à crença religiosa pagã (ou "natural") de que a natureza tem o dom de transformar ou inspirar o homem. Em períodos anteriores à escrita — e, hoje, em muitas culturas nativas — a inspiração e a magia eram consideradas aspectos normais da vida cotidiana. Quer as pessoas estivessem caçando, curando, colhendo o alimento ou explorando estados alterados de consciência, elas tradicionalmente viam a natureza como mestra e curadora, na qual a magia era um aspecto essencial da existência.

Embora tenham existido místicos cristãos como São Francisco, Julian de Norwich e Teresa de Ávila, que estavam intimamente ligados à natureza, os patriarcas cristãos enfatizavam a nítida divisão entre o natural e o sobrenatural. Ao longo dos séculos, essa ruptura acabou se alargando tanto que praticamente privou a natureza do espírito interior que, segundo religiões que cultuavam a Terra como o druidismo, o xintoísmo, o taoísmo, além de crenças dos aborígines australianos e dos índios americanos, anima todas as coisas.

Concorrendo com a influência do cristianismo sobre a visão ocidental da natureza, o relacionamento estreito que nossos ancestrais desfrutavam com o mundo natural se perdeu à medida que a humanidade ficava mais "civilizada". Quando migramos para as cidades e seus subúrbios, começamos a perder contato com a natureza. Depois do início da Revolução Industrial, particularmente, nos sentimos tão divorciados do mundo natural que começamos a crer que a natureza era nossa serva, passando a manipulá-la e explorá-la segundo nossos desejos. O resultado disso foi uma insensibilidade empedernida e o desrespeito pelo meio ambiente. A destruição acelerada das florestas, a matança dos búfalos, a degradação do solo com a mineração a céu aberto, o crescimento caótico dos subúrbios, a construção de rodovias, o desenvolvimento industrial e a poluição do ar, dos rios, oceanos e lagos são reflexos do fato de não nos sentirmos parte do meio ambiente e de não respeitarmos os outros seres vivos que habitam o mundo natural.

A TERRA: UM SER VIVO

Robert (Medicine Grizzlybear) Lake, um tradicional curandeiro e líder ritual dos ojibways, acredita que a contínua exploração econômica da Terra está provocando um grave desequilíbrio planetário que não pode mais ser ignorado. Ele acredita que padrões climáticos incomuns, erupções vulcânicas, atividades sísmicas em número cada vez maior, tempestades de neve nunca vistas, enchentes, secas, epidemias e novas doenças, tudo isso são reações à violação da Terra pela humanidade. Ele escreve: "A Mãe Terra não está apenas ficando poluída, mas também fraca e muito doente... Se ela morrer, todos morremos: o raciocínio é simples." As taxas crescentes de câncer, de crianças que nascem com malformações e de doenças relacionadas a deficiências do sistema imunológico entre seres humanos e outros animais testemunham o comprometimento da saúde da Terra como um todo.

A tradição antiga ensina que a Terra é um organismo vivo e que tudo que existe aqui tem a mesma força vital poderosa e que tudo abrange. Essa força vitaliza e mobiliza cada aspecto do nosso lar planetário. Os polinésios primitivos chamavam essa força de *mana*, os antigos hindus a denominavam *prana*, os algonquianos a conheciam como *manitu*, e os omahas davam-lhe o nome de *wakanda*. Os seguidores do xintoísmo, a religião tradicional do Japão, a chamavam *kamikaze*, ou "vento divino", com base em *kami*, que significa os poderes elementais que permeiam todos os fenômenos naturais, e *kazi*, o vento, que é aquilo que anima as forças de *kami*. Durante a II Guerra Mundial, esse termo foi adotado pelos aviadores japoneses que pilotavam missões suicidas contra as forças navais aliadas.

Os pés-negros, nativos do Estado de Montana, acreditavam que esse poder era uma dádiva de Natos, o Sol, e a fonte geradora de todo poder e animação. Eles chamam esse poder de "Grande Espírito" e crêem que ele é encontrado nas montanhas, nos ventos, nos animais e nas árvores. O Sol há muito é venerado pelos pés-negros e, por seu turno, Natos os abençoa por respeitarem todas as suas criações.

Anciãos de culturas indígenas em todo o mundo ensinam que

Bosque Ayarrán, perto de Angosturas, Argentina

não existe algo como um "objeto inanimado" na natureza, e que a dádiva da vida é partilhada não somente por bípedes, quadrúpedes ou criaturas aladas, mas pelas plantas e pelo solo, rios e lagos, penhascos e montanhas, pela chuva e pelos ventos. Eles não são vistos como algo à parte dos seres humanos, mas antes como nossos "parentes" (em geral como nossos parentes mais velhos). A vida humana deve, portanto, ser analisada dentro do contexto global de todos os filhos da Mãe Terra.

As tradições religiosas dos nossos ancestrais mais primitivos eram baseadas na crença de que a Terra é ao mesmo tempo um ser vivo e a "mãe" de todas as formas de vida que existem no planeta. A crença numa mãe nutridora foi a base da adoração das deusas, que existia muito antes da veneração de deuses masculinos. Vestígios da adoração de deusas foram encontrados em inscrições e em artefatos arqueológicos na Sibéria, no sul da África e na Irlanda, alguns chegando a datar de 25.000 a.C. A grande Deusa pré-histórica foi a predecessora das deusas sobre as quais lemos relatos em mitos e lendas antigos.

Entre os exemplos de deusas todo-poderosas incluem-se Ajysyt, a deusa siberiana do parto; Nammu, da Suméria; e Omeciuatl, da América Central. Para os antigos gregos, a Terra era a deusa Gaia, e os continentes da África, Ásia e Europa foram batizados em função de outras manifestações de Gaia. Nokomis era a Mãe Terra dos algonquianos, povo da América do Norte que acreditava que todas as coisas vivas eram acalentadas em seu seio. O povo kaean, da Nova Guiné, a conhece como Dzari, enquanto os descendentes dos astecas a chamam Toci, a Mãe dos Deuses e o Coração da Terra. Entre os maoris das ilhas hoje chamadas de Nova Zelândia, Papatuanuka (Papa) era o nome da Mãe Terra, e seu filho, o deus Tanemahuta (Tane), criou a "Profusão de Árvores" para cobrir a nudez dela.

Entre os antigos povos eslavos, Gaia chamava-se Mati-Syra-Zemlya e era considerada um ser supremo. De acordo com o antropólogo Stanley Krippner, os lavradores cavavam um peque-

Pinheiros, Ilha Vitória, Argentina

no buraco no solo com os dedos, punham o ouvido na cavidade e assim ouviam o que a "Úmida Mãe Terra" tinha a lhes dizer.

Já que o Sol e a Mãe Terra eram tão grandiosos e abrangiam tudo, nossos ancestrais acabaram por isolar e personificar aspectos diferentes do "Grande Espírito". Como os pés-negros, eles muitas vezes adoravam o Grande Espírito através das formas menores e mais tangíveis que podiam ver e sentir, como montanhas, lagos, rios, pedras, animais, insetos e plantas.

Assim como os seres humanos, as árvores existem principalmente na dimensão vertical. Essa é uma razão pela qual elas há muito ocupam um lugar especial na nossa relação com as formas naturais. Essas criaturas do reino vegetal, como uma poderosa manifestação da vida, proporcionam sustento, proteção, remédios, combustível e sombra. Ofereceram à humanidade também, desde os primórdios, beleza, esperança, conforto e inspiração. Muitas culturas primitivas acreditavam numa árvore cósmica ou mítica que se erguia no centro do universo: segundo outras culturas, os seres humanos, na verdade, haviam nascido das árvores. A mitologia nórdica, por exemplo, ensina que o primeiro homem nasceu do freixo, enquanto a primeira mulher nasceu do olmeiro.

Como nossos primitivos ancestrais — e ainda muitos povos nativos hoje — viviam em contato íntimo com a natureza, eles muitas vezes ficavam diretamente expostos às intempéries como tempestades, terremotos e erupções vulcânicas. Por esse motivo, a natureza era ao mesmo tempo reverenciada e temida, e as crenças do homem primitivo sobre os deuses e outros espíritos da natureza foram fortemente influenciadas por essas experiências. Por exemplo, em locais como o México e a Polinésia, onde atividades vulcânicas e sísmicas devastadoras ocorriam com freqüência, o sacrifício humano e de animais pode ser visto como uma forma de aplacar deuses e espíritos da natureza.

O medo da natureza não era, porém, universal. Muitas culturas nativas viam a natureza não como algo a ser temido, mas antes como um amigo especial e um benfeitor. No seu ensaio "Observações sobre a Crença dos Índios na Amistosidade da Natureza", a antropóloga Frances Densmore escreveu, em 1948, sobre um ancião dos ojibways chamado Ruffled Feathers (Penas Eriçadas), que muitas vezes trabalhava com espíritos da água. Quando lhe perguntaram se a presença de ondas num rio indicava raiva da parte do espírito, ele respondeu:

> As ondas não significam que o Espírito da Água está zangado com aqueles que querem cruzar o rio. É natural que haja ondas num tempo ruim, bem como águas calmas, mas se o Espírito da Água é invocado pela pessoa certa, ele pode acalmar as ondas naquele momento para que as pessoas consigam passar com segurança.

Segundo *The Encyclopedia of Religion*, "Dificilmente se encontrará algum objeto do mundo natural que não tenha sido o centro de um culto em algum lugar em determinado período, numa região ou outra." Além de adorar divindades dos reinos celestes, os seguidores do xintoísmo veneravam deuses do ar (incluindo deuses do vento, da tempestade e da chuva) bem como deuses da terra. Deuses do mar, das plantas, dos rios e das montanhas eram particularmente venerados, inclusive Oho-yama-tsu-mi, o "grande senhor da montanha", que era servido por um sem-número de seres menores da natureza. Numa região geologicamente instável como o Japão, os habitantes primitivos também adoravam (e temiam) deuses da natureza subterrâneos, que eram considerados responsáveis por terremotos e erupções vulcânicas.

O respeito e a reverência pelos deuses do fogo eram fortes entre os maoris, e fogos rituais desempenharam desde tempos imemoriais uma função espiritual importante em muitas tribos maoris. Os tuhoes, por exemplo, celebram mais de 28 cerimônias diferentes que incluem fogos rituais. Entre eles estão o Ahi Taitai, um fogo sobre o qual se entoa uma prece para proteger o princípio da vida nos homens, e o Ahi Torongo, um fogo ritual que serve para invocar a proteção dos deuses sobre a lavoura da batata-doce, e evitar que lagartas e larvas a destruam.

Os hindus há muito veneram os seres da natureza, e hinos védicos antigos freqüentemente personificavam as forças da natureza e atribuíam a elas características humanas. Por exemplo, Indra é um deus hindu da tempestade que aparece com destaque no Rig-Veda. Como as tempestades provocadas por esse deus podem trazer tanto a fertilidade quanto a destruição, ele sempre foi ao mesmo tempo amado e temido. Os Vedas também falam de rios como "mães" e "protetores", além de haver preces védicas que são oferecidas a montanhas, ventos, e terra. Os maciços montanhosos do norte e da região central da Índia foram personificados pelos hindus desde os primórdios, e acabaram admitidos à classe e posição de grandes deuses nos tempos védicos.

Os hindus também adoravam tradicionalmente os espíritos do fogo, dos rios e das árvores. Tanto o pipal quanto a figueira dos banianos são considerados como a morada dos deuses Brahma, Vishnu e Shiva — o Criador, o Conservador e o Destruidor, respectivamente. Muitas outras árvores (incluindo a mangueira, o marmeleiro-da-índia, a neem, a jujuba e a kadamba) são consideradas como a habitação de deuses e deusas diversas.

Os celtas da Bretanha e da Gália pré-cristãs tinham uma forte tradição de adoração da natureza que era centrada especialmente em fontes de água, como rios, lagos e riachos. Os termos célticos *deva*, *diva* ou *devona*, que significam "o divino", eram freqüentemente atribuídos aos rios. Borvo, Burmo ou Mormanus eram os nomes dados ao deus "fervente" das fontes termais. Como as águas sagradas alimentavam as árvores, os celtas acreditavam que estas também eram sagradas, e, muitas vezes, serviam de morada para deuses arborícolas. O deus Fagus era ligado à faia, Boxenus ao buxo e Robur era o deva dos carvalhos.

Os druidas — uma seita sacerdotal entre os celtas — mantinham bosques sagrados como seus principais templos de adoração. De fato, o termo gálico-britânico *nemeton*, ou santuário, significa um bosque sagrado de carvalhos ou uma clareira na floresta. Juntamente com o teixo e a bétula, o carvalho (considerado sagrado para Thor), era parte da Trindade de Árvores que correspondia aos Três Pilares da Sabedoria dos druidas. Cercados especiais de pedra, troncos ou tábuas eram muitas vezes edificados em torno de fontes sagradas (como aquele que rodeia as fontes termais de Les-Fontaines-Salées, em Yonne, na França) e morros sagrados (como o Morro da Tara, em County Meath, na Irlanda). Embora muita especulação cerque a verdadeira função do famoso templo em Stonehenge, alguns pesquisadores — inclusive o arquiteto John Wood, do século XVIII — crêem que ele era, originalmente, um templo druida para a adoração do Sol.

Como os celtas, os teutões, que viviam na região hoje conhecida como Alemanha, consideravam os bosques como santuários, moradas de espíritos amistosos. Como em outras partes do mundo, os bosques sagrados eram freqüentemente ligados a nascentes sagradas, pois a água era universalmente considerada como fonte de poder espiritual. Além das nascentes, os teutões adoravam rios, riachos, poços e quedas-d'água, com um sentimento de gratidão e amizade. Entretanto, os ventos das florestas muitas vezes eram temidos, pois os teutões acreditavam que eles eram os espíritos dos mortos correndo à solta na Perseguição Selvagem.

Os antigos estonianos sentiam uma ligação especial com a floresta, que encaravam como um ser vivo impregnado de poder sobrenatural. Muitos estonianos primitivos eram fazendeiros, caçadores e extrativistas, e viviam fora do reino das matas; entretanto, encaravam a floresta como um lugar para fugir dos inimigos, bem como para conseguir alimento na forma de animais e vegetais e para extrair a valiosa madeira usada para construir, cozinhar e aquecer.

Os espíritos da floresta são descritos numa história narrada em *Old Estonian Folk Religion* por Ivar Paulson:

> Cada floresta tem seus próprios espíritos. Os espíritos das matas de bétula nunca vão a uma mata de amieiros ou carvalhos, nem vão de uma floresta a outra, ainda que sejam do mesmo tipo. Os

espíritos em si são tidos como de espécie benigna. Têm fama de não fazer mal a ninguém. Conta-se que em tempos remotos foram trazidos à floresta para guardá-la. Algumas vezes ameaçam pessoas malévolas e as fazem se perder, que é o caso daquelas que cortam madeira no domingo, que armam brincadeiras grosseiras ou que não são dadas a fazer o bem.

Como muitos outros povos antigos, os estonianos desenvolveram um grande número de práticas para manter relações amistosas com o espírito coletivo da floresta e também com a miríade de espíritos menores *(metsavaimud)* encontrados ali. Entre as oferendas, dadas em troca de benefícios obtidos da floresta, incluíam-se "votos de amizade": tiras feitas de palha, couro, galhos ou flores, que eram amarradas em torno de algumas árvores. Esse costume era especialmente usado sempre que um animal era morto para servir de alimento, como uma expressão de gratidão e para ajudar a reparar o mal feito ao animal.

Nas Américas Central e do Sul, muitos povos nativos adoravam a natureza. Os astecas, por exemplo, veneravam Tlaloc, a "Polpa da Terra" e o deus das montanhas, das chuvas e das fontes. Todo ano eles preparavam uma floresta artificial, com uma grande árvore no centro, rodeada por mais quatro árvores, que simbolizavam os quatro pontos cardeais. A árvore central era denominada Tota, "Nosso Pai", e representava Tlaloc em toda sua glória. Ela era retirada do círculo no final e "plantada" de pé no centro de um lago, onde um ser humano (geralmente uma menina) era sacrificado em honra a Tlaloc.

O povo polinésio há muito tempo acredita em espíritos da natureza. Os xamãs havaianos, ou *kahunas*, ensinam que tudo é vivo, consciente e sensível, e que o ego divino *(a aumakua)* é a fonte dessa consciência. Em *Kahuna Healing*, Serge King explica:

> Uma árvore tem sua própria *aumakua*, assim como a floresta de que é parte a árvore, o vale no qual se assenta a floresta, e assim por diante, até chegarmos ao próprio mundo — e além. Nos tempos

antigos, um *kahuna* pedia a permissão do espírito da árvore antes de cortá-la, ou do espírito do vale antes de cruzá-lo. Fazia assim em virtude do respeito pela mesma fonte que pulsava em todos eles, e para garantir sua cooperação.

De acordo com a tradição dos aborígines australianos, considerados a cultura humana sobrevivente mais antiga, todas as formas de vida — incluindo montanhas, rios, lagos, árvores, animais e seres humanos — são impressões da consciência metafísica ou ancestral que as criou, significando que o físico não pode ser separado do espiritual. Como outras culturas indígenas, os aborígines acreditam que a Terra e a biosfera são povoadas por um vasto número de seres espirituais, incluindo um poderoso deus celeste conhecido pelos nomes de Baiaime, Daramulun ou Nurundere ("O Pai de Todas as Coisas"), deuses da chuva, como Wuluwaid e Bunbulama, e Koi, o espírito do sertão australiano. Segundo Robert Lawlor em *Voices of the First Day*, "animais e plantas são considerados a personificação das forças criadoras do mundo, os Ancestrais do Período dos Sonhos. Sua presença física na terra representa a presença espiritual dos deuses". Por essa razão, cada aspecto da vida tribal é tradicionalmente ligado à consciência e ao respeito com relação aos espíritos da natureza, um enfoque da vida cotidiana que permanece até hoje.

Os mapuches da Patagônia chilena e argentina sustentam que o espírito do sagrado *pehuen*, ou araucária, não só proporciona alimento durante períodos de escassez, mas exerce uma influência metafísica positiva sobre a colheita. Ele é considerado especialmente benevolente com as mulheres e as crianças. Diz-se também que essa árvore está ligada a um ser da natureza conhecido como "Hachas de Pillan", que habita os vulcões do sul do Chile. Como o Zeus dos antigos gregos, Hachas de Pillan é considerado pelos mapuches como o criador de tempestades e do trovão.

A antropóloga Ziley Mora Penroz cita uma anciã mapuche,

da região de Quepe, no Chile, que respeita os aspectos espirituais da natureza em sua vida cotidiana como ceramista:

> Quando vou buscar argila negra para fazer *metawe* [vasos de barro], sempre deixo para o *regkuse* [o espírito da argila] outros vasos pequenos de barro ou figuras antropomórficas feitas da mesma argila. De tempos em tempos deixo um pouco de lã colorida ou ervas medicinais. Pode-se também cantar e dançar em honra dela. Se não se age assim, é certo que algo vai acontecer ao *metawe:* ou vai se partir, ou ninguém vai comprá-lo ou ainda o vidrado negro não vai dar certo.

Um grande número de antigas tradições iorubas de comunhão com espíritos da natureza foram trazidas, pelos escravos, para as Américas — da região onde hoje ficam a Nigéria, o Congo e Angola — durante o século XVI. Uma dessas tradições é a religião do candomblé, hoje praticada principalmente por habitantes das cidades costeiras do norte e nordeste do Brasil, incluindo Recife, Fortaleza e Belém. Uma tradição aparentada é a religião afro-caribenha santeria, muito praticada entre cubanos e porto-riquenhos de ascendência africana (incluindo cubanos e porto-riquenhos que vivem nos Estados Unidos). Levando os devotos a entrar em contato direto com as forças da natureza, essas religiões ensinam que podemos nos abrir conscientemente à sabedoria e ao poder de cura ligados às rochas, às montanhas, aos riachos e aos lagos. Eles ensinam que trabalhar com os espíritos que estão por trás dessas formas naturais autoriza-nos e permite que sirvamos como uma "ponte" entre as forças do céu e da terra, mesclando visão espiritual com pragmatismo e realismo.

Tanto o candomblé quanto a santeria pregam que existe um deus criador todo-poderoso e que tudo abrange (conhecido como Olorum), que é auxiliado por um grande panteão de literalmente centenas de deuses e deusas diferentes. Eles não só ajudam na evolução da natureza, mas também não negam ajuda às pessoas. Cada espírito da natureza, ou orixá, está ligado a uma forma particular da mesma.

Orixás Mais Importantes e Suas Formas Correspondentes na Natureza

Candomblé	*Santeria*	*Forma da natureza*
Oxalá	Obatalá	Montanhas
Iemanjá	Yemayá	Oceano
Nanã	Naná Buruku	Águas doces paradas
Xangô	Changó	Penhascos
Oxum	Ochún	Rios, riachos
Omolu	Elegguá	Campos; espaços abertos
Oxóssi	Ochosi	Florestas
Ogum	Oggun	Jazidas de ferro
Iansã	Yansá	Ventos

Tanto o candomblé quanto a santeria realizam cerimônias elaboradas e poderosas para cada orixá. Hinos, danças e trajes especiais, preparações pessoais, preces, imagens religiosas e sacrifícios de animais (embora algumas igrejas permitam o uso de oferendas de alimentos vegetais), tudo tem uma função nessas cerimônias, que devem ser realizadas sob a orientação de uma sacerdotisa ou sacerdote qualificado do candomblé ou da santeria.

A COMUNICAÇÃO COM OS DEVAS ENTRE OS OCIDENTAIS

Durante os últimos séculos, as pessoas sensitivas que vivem nas nações ocidentais industrializadas — inclusive filósofos, músicos, líderes religiosos, poetas e artistas eminentes — podem ter se comunicado com espíritos da natureza de tempos em tempos. Embora poucas tenham de fato declarado que entraram em contato com os devas, quadros vívidos de paisagens e plantas pintados por artistas como Vincent Van Gogh, Albert Bierstadt, Odilon Redon, Frederick Church, Thomas Cole e outros membros da escola de pintura Hudson River, revelam uma ligação quase sobrenatural com a natureza, que vai além dos tradicionais cinco sentidos. As obras de Henry David Thoreau, de Ralph Waldo Emerson, de Walt Whitman, de John Muir, de J. Krishnamurti, de Jacques Yves Cousteau, do padre Thomas Berry e de outros também demonstram uma ligação com a natureza de profundidade e sensibilidade incomuns. Na última estrofe do seu poema "Fog", Thoreau escreve:

Espíritos dos lagos e rios — mares e regatos
Vinde revisitar agora vossos cenários nativos
Pensamentos noturnos da terra — tapeçaria de sonhos
Fazenda de orvalho — e guardanapo de fadas
Vós, prado aéreo varrido pelo vento.

No decorrer do século XX, um grande número de pessoas documentou sua associação com os espíritos da natureza. Várias dessas pessoas eram membros da Sociedade Teosófica, uma organização internacional que promove o estudo de religiões comparadas e investiga os poderes latentes na natureza. Um dos primeiros pesquisadores teosóficos foi C. W. Leadbeater (1847-1934), um professor clarividente mais conhecido pelo seu livro sobre os centros energéticos humanos, *The Chakras.** Em *The Hidden Side of Things,*** publicado em 1913, Leadbeater fala sobre os diminutos espíritos da natureza (popularmente conhecidos como fadas) que freqüentemente gravitam perto das regiões de água doce:

> Algumas espécies muito belas moram nas águas no interior da mata, onde o homem ainda não lhes tornou impróprias as condições de vida. Naturalmente, elas abominam a sujeira e as substâncias

---

* *Os Chakras*, publicado pela Editora Pensamento, São Paulo, 1960.

** *O Lado Oculto das Coisas*, publicado pela Editora Pensamento, São Paulo, 1977.

Faia amarela, perto de Peulla, Chile

químicas que poluem as águas perto de qualquer grande cidade; mas aparentemente não fazem nenhuma objeção à roda-d'água num tranqüilo recanto do interior, pois às vezes podem ser vistas divertindo-se numa regueira de moinho. Elas parecem se deleitar em quedas-d'água.

Entre os alunos de Leadbeater, um dos seus favoritos foi Dora Van Gelder Kunz. Ex-presidente da Sociedade Teosófica nos Estados Unidos e criadora de uma modalidade popular de cura conhecida como Toque Terapêutico, Dora Kunz é uma conhecida clarividente que se comunica com os devas há mais de 80 anos. Em seu pequeno livro *Devic Consciousness,* ela escreve:

> Os modos como enxergamos a vida nos proporcionam aquilo que se denomina "conhecimento do olho", a visão de coisas lá fora, separadas de nós mesmos. Isso nos leva a fazer julgamentos baseados em nossa reação diante dos aspectos externos das coisas. Não vemos nada além da forma, que imediatamente ou nos atrai ou nos repele. Os devas, ao contrário, percebem a vida em termos de energias; para eles a harmonia e os ritmos da natureza são o mais importante.

Talvez o mais conhecido pesquisador teosófico tenha sido Geoffrey Hodson (1886-1983), um professor, escritor e terapeuta que, como Leadbeater e Kunz, era altamente respeitado por sua clarividência. Hodson começou a se comunicar com membros da hierarquia dévica em 1926, enquanto fazia trilhas a pé no interior da Inglaterra. Durante sua vida, Hodson escreveu mais de 60 livros, incluindo dez somente sobre a hierarquia angélica. Na introdução de seu celebrado livro *O Reino dos Deuses,* Hodson descreve suas observações a respeito dos espíritos da natureza, que fez com base na sua clarividência:

> Certo dia, enquanto buscava ardentemente entrar na vida oculta do Santuário da Natureza, numa encosta que margeava uma flo-

resta de faias num vale isolado do oeste da Inglaterra, subitamente os céus se encheram de luz. Minha consciência foi envolvida por um reino radiante daquela luz que nunca se vira na terra ou no mar. Aos poucos percebi a presença de um grande ser angélico, que sem dúvida era o responsável por meu estado elevado. Da mente dele para a minha começou a fluir uma corrente de idéias a respeito da vida, força e consciência do Universo e de sua auto-expressão como anjos e como homens.

Ele descreve mais adiante seu encontro clarividente com um deva enorme no Monte Bream Head, perto da entrada da Enseada Whangarei, na Nova Zelândia. Segundo sua descrição, o deva tinha uma forma semelhante à humana, com mais de 120 metros de altura, envolto numa aura de energia que media cerca de 90 metros. "A cor era púrpura, salpicada de labaredas brancas, que se tornava verde da cintura para cima, e em amarelo na região da garganta e do coração." Como que comunicando a ele, o deva explicou algumas das suas próprias responsabilidades:

> Diferentemente dos meus irmãos, estou igualmente associado ao espírito-vital evolutivo no ar acima e em tudo o que me rodeia, embora mais especificamente com a enseada e com a terra que a circunda. Além disso, auxilio na evolução da vida nos reinos mineral e vegetal dentro desse monte e abaixo dele, num amplo raio.

O físico inglês Edward Bach (1886-1936), que desenvolveu os famosos florais de Bach, era uma pessoa altamente sensitiva, que passava boa parte do tempo em contato com a natureza. Bach acreditava que o Sol transferia a "vibração" elétrica essencial das flores para a água, que em conseqüência ficava impregnada dessa energia. Colocando pétalas de flores na água de uma fonte, ele permitia que os raios solares impregnassem cada flor. Através desse método antigo, ele desenvolveu 38 florais diferentes que se correlacionam diretamente com humores específicos ou atitudes mentais — tais como medo, raiva, preocupação, angústia e inveja

— e que atuam como catalisadores que estimulam os níveis mais sutis do processo de cura.

Embora o próprio Bach não tenha declarado que se comunicava com os devas em sua pesquisa, terapeutas florais contemporâneos como Molly Sheehan da Fazenda Green Hope, em New Hampshire, crêem que os devas não somente os orientam na seleção e preparação das essências florais, mas chegam mesmo a transferir a energia e a sabedoria de cura das pétalas das flores para a água. Quando ingerimos os medicamentos que contêm a essência floral, a qualidade vibracional da flor — na forma regida pelo deva floral — afeta a nossa natureza emocional e mental sutil e nos permite entrar em sintonia e obter a cura.

Talvez a figura contemporânea que mais tenha contribuído para divulgar para o público em geral a comunhão que existe entre devas e homens seja Dorothy Maclean, autora de *To Honor the Earth* e renomada palestrante e orientadora de cursos. Como um dos primeiros membros da Comunidade Findhorn, na Escócia, foi orientada a entrar em sintonia e a se harmonizar com as forças da natureza. Ela continua seu trabalho com os seres da natureza na Comunidade Lorian, no Canadá.

Um conceito errôneo sobre aqueles que trabalham com os devas é que são pessoas avessas à tecnologia e em geral dão as costas ao mundo moderno. No entanto, em seu ensaio "Homens e Anjos Hoje", Maclean explica que não há nada de errado com a tecnologia moderna; o problema está no modo como a tecnologia é aplicada. Ela também escreve sobre a possibilidade de cooperação entre homens e devas no momento atual da evolução humana:

> Os devas também podem cooperar de maneira consciente com os seres humanos que buscam sua ajuda movidos por motivos holísticos. Eles vão contribuir para reverter a destruição que o homem vem infligindo ao planeta, desde que façamos nossa parte. Vão cooperar em esforços criativos conjuntos para aperfeiçoar, com híbri-

dos e novos experimentos, a vida vegetal que já criaram desde que façamos a nossa parte. Eles vão cooperar com os cientistas especialistas em ecologia de maneiras ainda a serem desenvolvidas.

RUMO A UMA NOVA VISÃO DE MUNDO

Entrar em comunhão com a natureza e aprender como enxergar o mundo do ponto de vista dela é parte de uma nova filosofia conhecida como *ecologia profunda*. Trata-se da retomada e do desenvolvimento de antigas crenças nativas segundo as quais a Terra é um organismo vivo e "Deus", ou o Grande Espírito, contemplou toda a natureza com uma sabedoria inata, a que nós (como filhos da Terra) também temos direito. De acordo com a ecologia profunda, a vida é interligada e inter-relacionada nos níveis mais fundamentais; por isso devemos, a todo custo, procurar ouvir e compreender as outras vozes da natureza para melhor perceber as necessidades da nossa morada planetária. Na definição de Bill Devall e George Sessions, "A ecologia profunda vai além de um enfoque superficial e fragmentado dos problemas ambientais, e tenta articular uma abrangente visão de mundo religiosa e filosófica. Os fundamentos da ecologia profunda são as intuições básicas da experimentação de nós mesmos e da natureza, que compreendem a consciência ecológica".

A compreensão instintiva do nosso ambiente primitivo era bem maior entre nossos ancestrais do que o é hoje entre nós. Cientes da sua dependência com relação às árvores, aos rios e aos animais para a alimentação, proteção, cura, abrigo e outras formas de sustento, nossos ancestrais primitivos adquiriram uma profunda consciência do meio ambiente. Como conseqüência, eles sabiam também (assim como muitos povos ditos "primitivos" hoje) como desempenhar um papel benigno e ao mesmo tempo ativo no mundo natural. A natureza era considerada não como um adversário, mas como um benfeitor, que devia ser tratado como um pai e amigo generoso. Um ancião de uma tribo do noroeste dos

Estados Unidos faz a seguinte pergunta: "Como poderia a natureza ficar zangada conosco quando tudo o que temos vem dela — nosso alimento, os materiais para nossas habitações e roupas — tudo dado a nós pela própria natureza?"

Embora ainda compreendamos intelectualmente que nossos movimentos são controlados pelo campo gravitacional da Terra, por exemplo, ou que o ciclo menstrual de uma mulher tem ligação com as fases da Lua, em geral não somos tão conscientes da influência que a geografia, o clima, a umidade, a luz e a temperatura podem exercer sobre nós, tanto como indivíduos quanto como sociedade. A atenção às descobertas que a ciência moderna vem fazendo sobre a importância ecológica das plantas, dos rios, das correntes de ar e das formações geológicas, junto com a valorização do aspecto metafísico da natureza refletido no folclore e na antropologia, pode nos ajudar a estabelecer uma nova relação de admiração, apreço, respeito e gratidão à vasta comunidade da vida, tanto em nossa vizinhança quanto nas maiores biorregiões que constituem nosso lar planetário. Nossa ligação perdida com a sabedoria e com a compaixão da Terra pode ser recuperada num nível prático, cotidiano. Buscando a comunhão com nossos "parentes" dos planos sutis da biosfera, embarcamos numa instigante jornada de descoberta, harmonização e cura.

3

Diretrizes para a Comunicação com os Devas

A arte de viver de forma integrada consiste no princípio da co-operação inteligente entre natureza e espírito. A natureza sem o espírito é cega; o espírito sem a natureza é manco... Natureza e espírito — por meio de uma união intencional — podem fazer da vida algo glorioso e repleto de sentido.

— *Haridas Chauduri, Mastering the Problems of Living*

Durante o verão de 1971, tive o privilégio de conhecer Geoffrey Hodson na convenção anual da Sociedade Teosófica Americana. Esse clarividente e agente de cura escreveu mais de 30 livros, incluindo dois clássicos sobre a hierarquia dévica: *The Brotherhood of Angels and of Men** e *The Kingdom of the Gods*. Este último livro continha não apenas suas descrições de diversos espíritos da natureza, mas também desenhos em cores de devas, de acordo com a descrição que o autor fizera a um artista profissional.

* *A Fraternidade de Anjos e de Homens*, publicado pela Editora Pensamento, São Paulo, 1963.

Senti-me ao mesmo tempo assombrado e intimidado por esse cavalheiro inglês imponente, mas amável. Mesmo aos 85 anos, era cheio de vida, e seus olhos azuis eram penetrantes e atentos. Ao me cumprimentar, tive a impressão de que analisava, por meio da sua clarividência, o meu grau de evolução espiritual, ao mesmo tempo em que tomava nota das minhas muitas faltas e fracassos.

Embora desejasse ardentemente me comunicar com os devas como Hodson havia feito, criei um grande número de bloqueios mentais que impediram essa exploração por muitos anos:

Em primeiro lugar, supus que eu precisava ser altamente desenvolvido espiritualmente. Achava que era necessário estar livre de faltas e conflitos pessoais, além de ter o dom da clarividência.

Ciente da enorme destruição que a raça humana havia imposto à natureza, sentia-me culpado por contribuir para essa devastação. Acreditava que os espíritos da natureza estariam certamente irritados conosco, e me sentia pouco à vontade para tentar entrar em contato com eles.

Por fim, eu não sabia o que fazer caso encontrasse um deva ou um espírito da natureza. Como era um jovem um tanto pragmático, recém-saído da faculdade, não conseguia enxergar de que forma a comunicação com os devas iria me beneficiar num nível prático, cotidiano. Foi somente depois de ter finalmente começado a trabalhar com os devas em 1990, depois de minha experiência no Jardim Botânico de Montreal, que recebi respostas claras a cada uma das minhas inquietações.

AS PORTAS ESTÃO ABERTAS

A primeira coisa que percebi, quando refletia sobre o meu impulso repentino e instintivo de pedir ajuda a uma árvore, foi que a comunicação com espíritos da natureza é parte da nossa herança humana. Compreendi também que não tinha fundamento a idéia de que os devas não estavam interessados em se comunicar comigo. Ao contrário, *eu mesmo* havia bloqueado o meu contato com eles. Isso tinha muito que ver com minhas próprias expectativas limitadas sobre eu mesmo como ser humano; sobre o que era capaz de realizar e qual o meu lugar na natureza. Havia aderido à crença generalizada de que era separado e autônomo com relação à natureza, e costumava ver o mundo não animal como constituído de objetos — não como um mundo de seres vivos ao qual eu estava intimamente ligado.

Percebi que não precisamos ser clarividentes como Geoffrey Hodson para comungar com os espíritos da natureza. Embora ter amor pela natureza e cultivar um certo grau de sensibilidade com relação ao mundo natural sejam requisitos essenciais, acreditar idealisticamente que precisava ser clarividente era algo que na verdade bloqueava um contato valioso com os seres da natureza. Ao aprender a observar a natureza, aos poucos podemos desenvolver a "afinação" necessária para nos comunicarmos com os devas.

Ao longo da história humana os devas se comunicaram de muitas formas diferentes, com uma grande variedade de pessoas de um sem-número de culturas, graus de conhecimento espiritual e níveis variáveis de consciência. Quatro fatores podem ajudar a facilitar essa comunhão:

1. Ter um interesse verdadeiro no trabalho com espíritos da natureza, de um ponto de vista que supere a pura satisfação do ego.
2. Abordar a natureza com um sentimento de admiração, curiosidade e respeito.
3. Estar aberto às possibilidades em termos energéticos, psicológicos, mentais e espirituais que a comunicação com os espíritos da natureza pode trazer.
4. Cultivar uma consciência e sensibilidade com relação ao mundo natural que nos permitam "entrar em sintonia" com as energias dévicas.

A comunicação com os seres da natureza aumenta a nossa *participação direta e imediata* no mundo natural, com o propósito tanto de ajudar a proteger o meio ambiente quanto de favorecer a evolução da vida. À medida que aumentamos nossa compreensão das necessidades do mundo natural, nos tornamos mais eficazes como "auxiliares planetários", ajudando os devas em seu trabalho criativo. Num tempo em que as ameaças ao meio ambiente são maiores do que em qualquer outro período da história humana, é crucial a necessidade desse esforço unificado. Os devas estão dolorosamente cientes de que é preciso um esforço conjunto de todos os seres vivos para recuperar nosso lar planetário, e estão mais do que nunca dispostos a trabalhar conosco.

Comungar com os espíritos da natureza é vital para nós como indivíduos, e há dezenas de razões para isso. Quatro tópicos fundamentais, porém, se destacam: fortalecer a ligação com a terra, entrar em contato com a sabedoria telúrica, expandir nossas perspectivas como seres humanos e alcançar a sintonização.

LIGAÇÃO COM A TERRA

Em tempos remotos, quando os seres humanos viviam muito mais como parte do meio ambiente, esse contato com a natureza produzia um estado de "ligação", de fusão com a terra nos níveis físico, emocional, mental e espiritual. Por estarem ligadas à terra, as pessoas desfrutavam de um estado de harmonia com a natureza e do forte senso de segurança interior que isso traz. De acordo com a tradição dos povos nativos dos Estados Unidos, essa ligação os tornava sensíveis com relação ao ambiente em que viviam, permitindo que os membros da tribo "caminhassem suavemente" sobre a Mãe Terra. Essa ligação também era vista como um pré-requisito essencial para abrir ao indivíduo os Grandes Mistérios e a possibilidade de ter experiências místicas reveladoras, considerados a única forma de entender certas leis intangíveis do universo. Para os nativos dos Estados Unidos, a terra era não somente fonte de alimento e proteção, mas também um lugar que poderia transmitir-lhes sabedoria e receber inspiração.

Para os aborígines australianos, cada montanha, fonte, animal e rocha tem seu próprio espírito vital, criado pela consciência ancestral comum a todos os seres vivos. Ritos de iniciação centrados na terra permitem que os aborígines aumentem sua consciência instintiva dos ritmos e energia telúricos. Segundo Robert Lawlor, em *Voices of the First Day*, os participantes dedicam muitas horas aos cânticos cerimoniais durante esses ritos sagrados, o que pode levá-los a estados alterados de consciência em sintonia com a vibração magnética da terra.

Os druidas também enfatizavam sua ligação com a natureza em seus festivais sazonais. O Alban Altane, o solstício de inverno, celebrava o renascimento do Sol do ventre da Grande Mãe, enquanto o Alban Hervin, o solstício de verão, reconhecia o feito do "Pai" Sol ao alcançar o ponto mais alto dos reinos celestes. Na celebração dos equinócios de primavera e de outono (Alban Eiler e Alban Elved, respectivamente) festejavam o amadurecimento e a colheita das generosas dádivas da terra. O Beltane (1º de maio) celebrava a magia da terra em floração, enquanto o Samhuinn (Halloween, ou Dia das Bruxas) agradecia aquilo que o druida Ross Nichols chama de "magia da morte do tempo" e as portas abertas entre os mundos dos mortos e dos vivos. Ao contrário das festas religiosas modernas, que geralmente acontecem em locais fechados, as cerimônias druídicas eram celebradas originalmente em bosques e clareiras sagradas, onde os participantes podiam sentir plenamente a presença integral dos elementos.

Em um artigo da revista *ReVISION*, o dr. Willis Harman, presidente do Institut for Noetic Sciences, fala da nossa tradição ancestral de comungar e participar do mundo natural:

> Para uma pessoa que vive no mundo medieval (como acontece em muitas sociedades tradicionais), a vida é um todo sem divisões.

> Rochas, árvores, rios e nuvens são assombrosos e vivos; o mundo é encantado, impregnado de espírito. Os seres humanos se sentem em casa quando estão em meio à natureza; o cosmos é um local *aconchegante*... O universo é vivo e imbuído de um propósito; todas as criaturas são parte de uma Grande Cadeia do Ser, em que o homem está situado entre os anjos e os animais inferiores. Os encantamentos, os milagres, a presença de... seres com poderes sobrenaturais são — se não um lugar-comum — consideradas bastante reais e naturais.

Lamentavelmente, boa parte da humanidade moderna perdeu esse encantamento. À medida que os seres humanos se tornaram mais civilizados, nos afastamos mais e mais da terra. Nós nos estabelecemos em cidades grandes e pequenas, onde o ambiente muitas vezes é controlado artificialmente de várias formas. Mesmo nas zonas rurais existe um grau de afastamento do mundo natural; eletricidade, ar condicionado, televisão a cabo, herbicidas, cortadores de grama, automóveis e telefones são realidades da civilização moderna em qualquer lugar.

O fato de termos rompido os laços com a natureza nos levou a um estado que os psicoterapeutas que priorizam o corpo — como Alexander Lowen, o fundador da bioenergética — denominam "alheamento à terra". Além de nos sentirmos desligados da terra, nos afastamos também de nossa consciência "animal" inata, o que pode nos privar da sabedoria e da segurança interior que em gerações passadas possivelmente experimentamos. O resultado desse estado de alheamento muitas vezes é a insegurança e o medo, que nos levam por sua vez — como num círculo vicioso — a um certo grau de indiferença ao mundo natural a nossa volta. Ao longo dos anos, a natureza tem sido vista mais como algo de que devemos nos defender, uma adversária a ser temida, controlada, explorada, violentada. Em vez de ser considerada uma mãe que nutre e beneficia, a terra é tratada como uma mercadoria da qual dispomos segundo nossa vontade.

Quando perdemos, como sociedade, a ligação com a terra,

Cipreste, Monterey, Califórnia

nossa energia coletiva em geral se deslocou de um local compassivo dentro do coração para os frios cálculos da mente racional. Essa maneira racional de ver a vida pode nos enredar (tanto em nível individual quanto coletivo) em modelos compulsivos de ganância, busca de *status*, indiferença com relação aos outros e competição, à medida que tentamos encontrar substitutos para a segurança que perdemos por não estarmos ligados à terra. Sentimentos de orgulho e de superioridade com relação a outros seres vivos, o desejo de controlar e dominar os outros, o vício da ganância e a busca de "valores de aparência", como *status* e prestígio, podem ser creditados ao fato de estarmos física e psicologicamente "desligados" da terra. Essa atitude não só nos levou ao inexorável acúmulo de bens materiais, na tentativa de obter segurança, mas também a desrespeitar e mesmo a desdenhar os outros seres vivos que constituem o mundo natural. Destruição de florestas em larga escala, chuva ácida e poluição atmosférica e das águas, além de depósitos de lixo tóxico, estão entre os exemplos mais óbvios do desrespeito da humanidade pela natureza.

À medida que nos conscientizamos da complexidade e da extensão da catástrofe ecológica que ameaça nosso planeta vivo, muitos de nós nos tornamos ainda mais insensíveis, como que para nos isolar da dor e da desesperança que sentimos. Essa é uma reação bastante compreensível, não muito diferente daquela de um portador de câncer ao saber que tem uma doença terminal. Mas como resultado dessa insensibilidade psíquica, tendemos a limitar — ainda mais do que antes — nossa participação no mundo. Isso talvez porque nos sintamos impotentes para mudar a situação. Ironicamente, agindo assim continuamos a ceder nossa força exatamente àqueles indivíduos (como políticos, industriais e outras pessoas que têm poder para tomar decisões) que estabelecem as linhas de ação públicas, ou que estão ativamente envolvidos na destruição sistemática da nossa morada planetária.

Apesar das tremendas ameaças à nossa sobrevivência, ainda existe muita razão para ter otimismo e esperança. O imenso poder da terra para sustentar a vida, a capacidade que a natureza tem de se regenerar e o grande e ilimitado potencial dos seres humanos para fazer mudanças no mundo são em boa parte subestimados pela ampla maioria de nós. Quando entramos em contato mais íntimo com a natureza, somos capazes de perceber intuitivamente as forças mais sutis e ocultas que existem por trás da existência material. Ao mesmo tempo, ganhamos uma compreensão mais profunda de nosso próprio potencial criativo, como participantes que somos da jornada evolutiva da Terra.

Por estarem estreitamente ligados às formas terrestres, os espíritos da natureza podem nos ajudar a recuperar nossa ligação inata com a terra. Uma forma de restabelecer essa ligação é simplesmente sentir a terra: tire os sapatos e pise no solo, como se estivesse "ancorado" a ela. Você também pode sentar ou deitar no chão, pisar com força, ou fazer qualquer coisa que o ajude a sentir a terra debaixo de si. (Outros exercícios e visualizações que ajudam a aumentar a sua ligação com a Terra estão incluídos na parte três.)

Ao mesmo tempo, podemos nos dispor a viver a realidade da ligação com a Mãe Terra. Podemos deixar de nos considerar como seres isolados da natureza, como se fôssemos entidades separadas, e passar a nos ver como parte dela. Muitos de nós — especialmente aqueles que vivem em cidades grandes — estão "desligados" há anos. Recuperar nossa capacidade inata de nos ligar à terra pode levar tempo e exigir contatos freqüentes com a terra, de forma contínua e regular.

No livro *Finding Your Personal Power Spots,* José Alberto Rosa trata exaustivamente do tema da ligação com a terra. Rosa, um psiquiatra que trabalha há anos com terapias bioenergéticas, inclui numerosos exercícios de auto-ajuda que permitiram que seus pacientes e os alunos dos seus cursos atingissem por meio do trabalho com seus pontos energéticos, um senso maior de ligação com a terra em termos energéticos e físicos. Num debate sobre a importância da ligação com a terra para promover a autotransformação, o autor ressalta o seguinte:

> Somente voltando à natureza, respeitando a Mãe Terra e fazendo as pazes com ela, podemos romper os perigosos ciclos viciosos que ameaçam a nossa existência. Tornando-nos verdadeiramente ligados à terra, seremos capazes (tanto individual quanto coletivamente) de transformar a sociedade, que se encontra num estado de crise e desespero. Poderemos então cultivar formas novas e mais naturais de viver que estejam em harmonia com a terra, e que nos levarão a uma maior segurança e equilíbrio.

COMO OBTER SABEDORIA DA ENERGIA DA TERRA

A energia permeia todo o universo. Energias e forças se derramam poderosa e incessantemente em nosso planeta, e estiveram por trás do ciclo da criação desde o início dos tempos. A energia permeia tudo na natureza e anima toda a vida na Terra. Essa energia vital tem nomes diferentes. Os antigos chineses a denominavam *chi*, enquanto os ensinamentos esotéricos judeus se referem à força vital como *chai*. *Chiatanya* significa força vital em sânscrito. O famoso bioquímico Rupert Sheldrake descreve a natureza dessa força vital em *The Rebirth of Nature*:*

> A energia está de fato presente em todas as coisas vivas. Os organismos vivos a extraem do meio ambiente, assim como os vegetais a retiram do Sol por meio da fotossíntese e os animais obtêm energia química do alimento através da digestão e respiração. Eles a acumulam em seu próprio organismo e a usam para impulsionar seus movimentos e seu comportamento. Ao morrer, a energia acumulada no corpo é liberada para continuar sua trajetória de outras formas. O fluxo de energia de que depende seu corpo e seu cérebro neste exato momento é parte do fluxo cósmico, e sua energia continuará a fluir depois de você ter passado pela morte e desaparecido, assumindo novas formas por toda a eternidade.

A força vital age no ar que respiramos, no alimento que comemos, e cria e nutre o tecido vivo. Está presente em todo o mundo natural. É por isso que muitos de nós nos sentimos revitalizados depois de um mergulho no mar, uma caminhada na floresta ou um piquenique num gramado ou campo aberto. Os mestres orientais freqüentemente aconselham os alunos a ir às florestas para ter acesso ao *chi*, e assim conseguir se curar, se concentrar interiormente e recuperar energia.

Os seres humanos têm uma função singular no que diz respeito à energia. Além de aprender a canalizar e a concentrar a nossa própria energia pessoal (que se manifesta por meio das emoções, dos pensamentos e dos atos), também temos a respon-

---

* *O Renascimento da Natureza*, publicado pela Editora Cultrix, São Paulo, 1993.

sabilidade de usar a energia do planeta para ajudar o processo evolutivo de todas as formas de vida. Como a energia pode ser usada tanto de forma benigna quanto maligna, precisamos compreender o seu poder e aprender a aplicá-la de formas seguras que promovam cura, unidade e crescimento.

A própria energia é uma força poderosa — embora neutra — que assume vibração, teor, caráter e intensidade diferentes, de acordo com as formas de vida que estão associadas a ela. Por exemplo, a energia de uma queda-d'água parece diferente da energia de uma árvore, da mesma forma que a energia de uma velha sequóia *redwood* parece diferente da energia de uma muda da mesma espécie. Sabemos também que a energia das pessoas também diferem, enquanto a energia de um mesmo indivíduo pode variar de acordo com seu humor, seus pensamentos e seu estado de saúde. Ao longo do dia, percebemos constantemente tipos diferentes de energias no ambiente natural que nos rodeia. Ao mesmo tempo, as energias que emanam de nós também ajudam a compor o ambiente natural.

O amor, por exemplo, é uma forma de energia que se manifesta numa determinada vibração. Instintivamente, percebemos quando alguém sente amor por nós, mesmo que essa pessoa esteja em pé, do outro lado do recinto. A sabedoria é outro tipo de energia que podemos perceber. Alguns de nós já sentamos diante de um professor, de um guru ou de um outro líder espiritual, e sentimos fortes emanações de sabedoria, ainda que eles não estivessem falando naquele momento.

As energias apresentam níveis de força diferentes também na natureza. Muitos de nós que já visitamos "pontos energéticos do planeta", como as Cataratas do Niágara, o Grand Canyon, o Ayers Rock ou o Mont Blanc, sentimos o poder tremendo que emanava deles. Da mesma forma, o grande pátio de um estacionamento, um depósito de lixo, uma paisagem devastada pela guerra muitas vezes nos parece "morta", como se estivesse completamente destituída de energia. De modo geral, os devas costumam estar presentes onde existe vida; quanto maior a energia emanada pela forma da natureza, mais intensa será a presença dévica.

Os membros da hierarquia dévica são fontes poderosas de sabedoria da Terra. Aprendendo a captar sua energia, podemos entrar em contato com a sabedoria que eles têm para partilhar conosco. Essa sabedoria possibilita que nos tornemos membros mais responsáveis, cuidadosos e sábios da nossa comunidade. De fato, os devas podem nos ajudar em todas as áreas do conhecimento, já que estão em contato direto com toda a sabedoria que existe na Terra e em torno dela.

Os seres humanos têm um reservatório muito grande, ilimitado, de sabedoria natural inata. Xamãs e curandeiros de culturas indígenas geralmente são considerados bibliotecas vivas de sabedoria da natureza, pois lançam mão do seu potencial inato como guias e agentes de cura. Don Juan e Don Genaro dos livros de Carlos Castañeda, o curandeiro Black Elk dos índios sioux oglalas, Lynn Andrews e Medicine Grizzlybear são alguns dos mais conhecidos xamãs ocidentais. A maioria das pessoas vê a vida através de filtros e pontos de vista alheios, mas esses sábios agentes de cura encaram a vida de modo direto, através da experiência imediata da natureza. Esforçando-nos para encarar a natureza dessa mesma forma, podemos também fazer uso do potencial inato que temos como seres humanos sábios e compassivos.

COMO EXPANDIR AS NOSSAS PERSPECTIVAS

A sintonia energética com a natureza faz com que tomemos consciência da inter-relação do mundo natural, ou seja, do fato de que o bem-estar de um ser vivo depende do bem-estar dos outros. Percebemos que somos parte do panorama planetário, e passamos a observar como os seres humanos afetam o restante da natureza.

No livro *Mono Lake Guidebook*, o ambientalista Gray Brechin fala da possibilidade de existir um poderoso "espírito local" no lago Mono (Califórnia), e expressa ao mesmo tempo estima por esse espírito e preocupação pela sobrevivência do lago:

> Se o lago Mono tem ou não consciência é algo que continuará sendo um de seus mistérios. Mas o Mono brinda seus amigos com a conscientização, pois todos tivemos de aprender com ele. O Mono nos ensinou a enxergar o mundo de um modo novo, a aceitar e perceber as belezas de que não éramos cientes, e a fazer perguntas cujas respostas podem estar longe de ser algo simples ou com o qual não temos que nos preocupar. Na solidão de suas praias, ao raiar e ao pôr-do-sol, aprendemos a ouvir e observar e a viver em paz conosco mesmos. Mas o importante de tudo, é que aprendemos a viver com outros seres que não podemos usar, mas cuja mera presença realça a nossa existência cotidiana. O Mono não faz perguntas simples. Ele exige um exame do mundo interior e exterior que constituem a consciência humana. E é por isso que ele é o melhor tipo de amigo, e é por isso que nós não podemos deixá-lo morrer.

Estimulamos nossa curiosidade humana inata à medida que começamos a desejar ardentemente uma ligação mais profunda com a Terra e com os outros seres vivos com os quais convivemos neste planeta. Acende-se o desejo de aprender mais sobre o nosso planeta e seus variados sistemas biológicos, de compreender melhor a relação entre os ventos e os pássaros, as chuvas, o solo e as plantas, os animais e as árvores — não somente num nível intelectual, mas como quem quer saber mais sobre a vida de um amigo querido, há muito desaparecido. Inspirados a proteger, preservar e fazer o que for possível pela vida desse amigo, é provável que nos interessemos por livros ou cursos sobre assuntos como biologia, geologia e botânica; pode ser que também procuremos uma forma de aprendizado mais direta, observando as formas físicas naturais e comungando com os seres sutis da natureza ligados a lagos, rochas, ventos ou árvores.

Neste ponto da nossa evolução, em que a Terra se encontra seriamente ameaçada pela destruição ambiental, os devas, profundamente ligados aos ritmos e sabedoria terrestres, são *os* seres a consultar se pretendemos descobrir qual a forma mais eficaz de ajudar a preservar as águas, os campos, as florestas e o ar. Embora, em termos numéricos, sejamos uma parte muito pequena na comunidade global, desenvolvemos um potencial tecnológico que supera em muito nosso número. Esse poder sem igual, que pode tanto destruir nosso lar planetário quanto ser usado para ajudar a salvá-lo, deve aumentar nosso senso de responsabilidade pessoal com relação ao planeta e a todos os seus habitantes. Os devas entendem que toda a vida é interdependente e interligada, que a destruição mesmo de uma única espécie de animal ou planta afeta a integridade do resto da criação. Uma das tarefas desses seres é ajudar a expandir as nossas perspectivas a respeito da vida e do nosso papel como cidadãos planetários responsáveis.

SINTONIZAÇÃO

Quando elevamos o nosso nível de percepção, vamos nos tornando cada vez mais conscientes de nós mesmos como seres humanos e do mundo em que vivemos. Essa conscientização permite que entremos em sintonia nos níveis mental, emocional, físico e energético. Essa sintonização — que se estende até o âmago do nosso ser — aumentará nossa concentração mental, nossa sensibilidade emocional e nossa força física. Essas qualidades são necessárias para nos tornarmos agentes de cura ativos da Terra. A sintonização traz um bom número de benefícios importantes:

1. Um senso de ligação com o nosso eu natural, e também com as árvores, águas, ventos e outros animais. Cuidando das outras formas de vida como se fossem membros da nossa família, percebemos que o que é bom para o *todo* é bom para nós.
2. Adquirimos um conhecimento mais profundo do movimento global da vida e uma compreensão imediata das necessidades

de outras formas de vida, num nível que supera o que se aprende em livros, aulas e doutrinas religiosas.

3. Rompemos com velhos condicionamentos mentais, ilusões e projeções, e assim passamos a agir de modo mais eficiente para proteger o planeta. Ao mesmo tempo, descobrimos a nossa tarefa pessoal na vida, uma meta da qual a maioria de nós tem uma idéia fantasiosa.
4. Por meio da contínua sintonização — tanto dentro de nós mesmos quanto com o resto do mundo natural — pouco a pouco nos fortalecemos. Tornamo-nos fortes mas sensíveis, confiantes mas humildes, ativos mas receptivos, corajosos e mansos.

A busca da sintonização e da ligação nem sempre é uma jornada fácil. Requer o abandono de muitas crenças que valorizávamos, mas que acabaremos julgando inúteis. Também pode cicatrizar velhas feridas que talvez tenham gerado essas crenças no passado. Muitas vezes esse trabalho interior nos faz sentir vulneráveis e receosos. Mas ao nos abrirmos aos poderes inerentes da natureza — forças que também são inerentes a nós mesmos — é possível que essa jornada se torne numa aventura eletrizante de descoberta que pode continuar ao longo de toda a nossa vida.

PARTE DOIS

RUMO À RECEPTIVIDADE

4

Reconhecimento

O que produz as melhores obras em pedra não são ferramentas de cobre ou aço, mas os toques suaves do ar e da água trabalhando a seu bel-prazer com uma generosa cota de tempo.

— Henry David Thoreau

Conhecer a natureza e valorizá-la é fundamental no trabalho com os espíritos da natureza. Sem isso, é difícil haver comunicação.

Muitas culturas primitivas desfrutaram de uma ligação profunda com a natureza, e tradições antigas continuaram assim até os nossos dias. Na China, a astrologia da Terra evoluiu durante a dinastia Han, no século II d.C. Por meio de hábeis pesquisas e da interpretação de formas naturais, como colinas, rochas, árvores e fontes, astrólogos e geomantes eram capazes de ajudar as famílias imperiais a erigir seus palácios e templos em locais onde se harmonizariam melhor com aquilo que chamavam de "alento cósmico", trazendo riqueza, prosperidade e boa sorte aos moradores. Muitos dos templos, jardins, palácios e túmulos sagrados, que ainda hoje podem ser vistos no leste da Ásia, foram situados e construídos em harmonia com as energias sutis do ambiente circundante.

O *feng-shui*, arte e ciência moderna, evoluiu a partir dessa tradição. Hoje, em muitas partes do leste asiático — incluindo cidades modernas como Hong Kong, Taipé e Cingapura — praticantes do *feng-shui* são bastante procurados por construtores de casas e prédios de escritórios e proprietários de restaurantes, que buscam ajuda para situar suas propriedades em harmonia com o meio ambiente.

Como nossos ancestrais primitivos, muitos povos indígenas ao redor do mundo têm uma profunda consciência da natureza. Por exemplo, na bacia do rio Caquetá, na Amazônia colombiana, caçadores das comunidades mirañas são capazes de detectar a presença de um animal a uma distância de 12 metros, graças a um olfato altamente desenvolvido. Como outros povos amazônicos, os mirañas acreditam que todo seu mundo é povoado de espíritos, e humildemente lhes pedem permissão antes de caçar ou pescar e quando plantam e colhem os fruto da terra. Como os shuares do Equador e os machiguengas do Peru, os curandeiros dos mirañas usam freqüentemente a ayahuasca (produzida basicamente a partir da planta psicotrópica sagrada *Banisteriopsis caapi)* para conseguir entrar nos reinos sutis dos espíritos da floresta em busca de cura e de orientação.

A língua geralmente é um reflexo do grau de conscientização de uma cultura com relação à natureza. Poucas línguas apresentam a riqueza e a complexidade das encontradas entre os aborígines australianos, que têm a natureza como centro das suas vidas. Segundo Robert Lawlor, em *Voices of the First Day,* "Os dialetos aborígines têm centenas de nomes para cada tipo particular de árvore, e muitas delas têm um nome próprio. No caso de peixes e animais, há às vezes vários nomes para o mesmo peixe ou animal em diferentes fases do ciclo reprodutivo." Algumas línguas aborígines têm entre 40 e 50 termos para diferentes tipos de folhas e termos específicos para o Sol a cada hora do dia. Da mesma maneira, o vocabulário dos inuits do Círculo Ártico contém literalmente dezenas de termos diferentes para a palavra "neve". Essa visão do mundo centrada na natureza é típica também de muitas outras sociedades nativas da América do Norte. Ernest Benedict, um ancião dos mohawks, diz o seguinte em *Respect for Nature:*

> Nosso povo se esforça para que as coisas da natureza tenham toda a prioridade, porque elas podem existir sem o homem, mas o homem não pode existir sem a natureza. Se os homens brancos nutrissem esse espírito de gratidão pelas dádivas da natureza, a Terra se tornaria um lugar melhor para viver, porque você não destrói aquilo que adora e reverencia.

Poucos de nós, que vivemos nas nações industrializadas do globo, podem afirmar que têm a mesma consciência e apreço pelo mundo natural demonstrado por muitos povos indígenas. Muitos de nós passamos a vida em residências com ar condicionado, dirigimos carros com ar condicionado e trabalhamos ou estudamos em escritórios ou escolas climatizadas. Freqüentemente embotamos os sentidos com alimentos altamente industrializados, ricos em sal e em condimentos artificiais, e comemos insípidos frutos "frescos" que demoraram semanas para chegar ao mercado depois da colheita. Mesmo quando estamos ao ar livre, ficamos sujeitos ao trânsito ou à poluição sonora da cidade, ou então somos distraídos pelos sons de rádios ou toca-fitas. Não admira que tão poucos de nós têm a oportunidade de desenvolver os sentidos inatos da audição, olfato, tato e visão.

A INTUIÇÃO

Desenvolver nossos cinco sentidos físicos — visão, audição, olfato, paladar e tato — é essencial se desejamos realmente comungar com as forças sutis da natureza. Não é diferente da necessidade de se obter uma antena sensível e outros equipamentos elétricos se queremos receber transmissões pela TV. Se a estação emite uma dada freqüência, nossa antena precisa sintonizar essa freqüência, ou a televisão não captará nenhuma imagem. Da mesma forma, é necessário ter sensibilidade para sintonizar com as energias transmitidas pelos membros dos reinos sutis.

O "sentido" mais importante de todos, a intuição, é uma expansão natural dos cinco sentidos básicos. Muitas vezes chama-se a intuição de "olho da mente" da percepção, pois por meio dela podemos perceber que alguma coisa é verdadeira, embora esse fato possa não ser diretamente confirmado por informações ou conhecimentos intelectuais prévios. É um "conhecimento" que transcende o espaço e o tempo e nos traz uma compreensão direta, imediata. Em *Glamour: A World Problem*, Alice Bailey define a intuição da seguinte forma:

> Intuição é uma compreensão abrangente do princípio da universalidade; e quando está em ação há uma completa perda do sentimento de separação — pelo menos momentaneamente. Em seu ponto mais alto, é conhecida como aquele Amor Universal que não tem nenhuma relação com sentimentalismo... mas que se encontra, predominantemente, na natureza da identificação com todos os seres.

Todos nós temos certo grau de intuição; entretanto, muitos de nós não estão cientes de sua presença, enquanto aqueles que realmente estão muitas vezes não confiam nela. Num mundo em que somos bombardeados por todos os lados com estímulos externos — e também com nossos próprios desejos e projeções mentais — a intuição é um instrumento essencial para nos ajudar a ver a realidade. A propaganda, a retórica política, as imposições religiosas e outras formas de condicionamento estabelecidas pelos pais, pela religião organizada, pelos colegas de trabalho e professores freqüentemente nos desafiam a olhar para dentro e alcançar o entendimento de uma questão por meio da nossa percepção intuitiva.

Buscar a ligação com a terra é essencial para desenvolver a intuição, pois essa atitude nos faz sintonizar tanto com a terra quanto com nosso eu natural, instintivo. Através dessa ligação com a terra, aprendemos a ouvir com o coração, em vez de fazê-lo apenas com a mente; aprendemos a enxergar a vida de um ponto de vista firmado no coração.

Cultivar o discernimento e a serenidade é também importantíssimo para desenvolver a intuição. Numa sociedade em que o *glamour*, a aparência exterior e a ilusão são freqüentemente aceitos como realidade, precisamos ser capazes de discernir o falso do verdadeiro, e a forma da realidade que se encontra por trás da forma. A imparcialidade nos permite enxergar uma questão em sua própria perspectiva, sem nos enredarmos no drama. Perguntando a nós mesmos qual a verdade em cada situação, e procurando permanecer abertos, sem julgar, podemos entrar em contato com a nossa sabedoria interior. Se nos esforçarmos por usar as faculdades inatas do discernimento e da imparcialidade no dia-a-dia, poderemos aos poucos aprender a apreciar uma declaração ou situação dentro de um contexto maior, livre de idéias preconcebidas ou de expectativas quanto a resultados. Somos capazes de encarar os fatos em sua verdadeira perspectiva e atribuir-lhes sua devida importância.

A meditação é um elemento fundamental para desenvolver a intuição. Muitas tradições religiosas — inclusive a budista, a hindu, a sufi e a cristã — falaram do valor da meditação cujo objetivo é eliminar da mente pensante os desejos, projeções, análises e julgamentos. À medida que a mente fica mais descontraída, a intuição pode começar a se fazer sentir. Há, claro, muitos métodos diferentes. (Um exercício de meditação foi incluído no capítulo 8, "Invocação", embora possa não ser apropriado para todas as pessoas.) Seja qual for o método que você escolha, tente usar a meditação como um meio de entrar em sintonia com todos os aspectos do seu ser e de estabelecer uma relação mais profunda entre eles. Certamente você ficará mais sensível aos poderes intuitivos e mais aberto à comunicação com os reinos dévicos.

Em *O Reino dos Deuses,* Geoffrey Hodson comenta: "Os anjos... vêem os processos de pensamento, as emoções e as aspirações como fenômenos externos e materiais; pois vivem no mundo do sentimento, das idéias, da intuição espiritual e da vontade espiritual." Os membros dos reinos dévicos comunicam-se através de uma freqüência vital mais alta, pois trabalham num nível elevado de intuição e basicamente percebem a vida em termos de energias. Ao nos abrirmos à nossa própria intuição, estaremos mais aptos a captar a sabedoria, a inspiração e o amor que os devas podem nos transmitir.

UMA VISITA À NATUREZA

O primeiro passo para começar o reconhecimento da natureza é ir a um lugar de beleza natural. A localização fica a seu critério. Pode ser um canteiro de flores no jardim de casa; pode ser seu lugar favorito numa praia, num parque ou jardim botânico. Pode ser que queira fazer uma caminhada na mata ou visitar um local afastado pelo qual se sinta muito atraído.

Embora possa ter visitado esse lugar especial muitas vezes antes, há algumas dicas a levar em conta no contexto do seu trabalho:

1. Procure ter um horário flexível. Procure reservar tempo suficiente para passar várias horas no local. Você pode permanecer lá quanto quiser. Se possível, deixe o relógio em casa.
2. Aproxime-se do local que vai visitar com um espírito de amizade e silenciosa receptividade. Os devas geralmente não reagem bem a ruídos altos e repentinos. Muitas vezes têm medo de seres humanos, que são os principais destruidores do seu mundo natural. Portanto, caminhe suave e mansamente.
3. Relaxe e "sinta-se em casa". Passe algum tempo contemplando a fantástica variedade de seres vivos ao seu redor: as maiores

árvores e as menores plantinhas, os insetos voadores e rastejantes, os pássaros e mamíferos, as rochas, as ondas e outras formas naturais.

4. Procure perceber o local com todos os cinco sentidos. Sinta o perfume das flores. Toque uma árvore. Ouça os insetos, pássaros e o vento. Deixe que a água corra por entre os dedos. Procure observar cuidadosamente a vida que o cerca. Concentre-se naquilo que atrai a sua atenção, deixando que a sua curiosidade inata guie a sua exploração. Se estiver admirando uma árvore, examine-a meticulosamente, das raízes às folhas. Observe como ela balança ao vento. Note a agitação das folhas e a textura da casca. Repare no formato dos galhos e das folhas. Lembre que enquanto usa o sentido da visão você não precisa pensar, avaliar ou analisar. Basta uma simples observação visual. Agora feche os olhos e use os outros sentidos para perceber mais coisas. Ouça o farfalhar das folhas. Toque o tronco, os galhos, e sinta a textura da casca. Encoste o nariz na árvore e sinta o cheiro da casca. Recoste-se nela e sinta sua presença energética.

Uma variação interessante seria fazer um "passeio às cegas". Nesse caso é aconselhável chamar um amigo de confiança ou alguém da família, já que vai caminhar com os olhos vendados. Antes de começar, gire várias vezes em torno de si mesmo para perder o senso de direção. Depois, deixe que seu amigo o leve para perto de uma forma natural (como uma árvore, um arbusto, uma rocha ou um curso d'água). Então você pode conhecer essa forma através do tato, da audição e do olfato.

Uma outra atividade é simplesmente ir a um local da sua escolha (como uma faixa de relva entre plantas maiores, um descampado às margens de um riacho ou uma clareira na mata). Deite-se de costas confortavelmente e olhe para o céu. Enquanto respira fundo, procurando relaxar, tente se sentir como se estivesse realmente se fundindo — ou se transformando — naquilo em que está deitado. Ouça os sons. Você pode fechar os olhos se

Queda-d'água do Leão, perto de Pucón, Chile

quiser, ou usar os outros sentidos para comungar com o ambiente. Algumas dessas atividades vão ajudar a lançar as bases para a invocação e comunhão com os devas, descritas nos capítulos 8 e 9.

O PAPEL DA BELEZA

Ao longo de toda a história humana a beleza tem sido um componente essencial para o conhecimento espiritual. Para os navajos, por exemplo, a beleza sempre representou a culminância da vida inteligente sutil do universo. Todos os fenômenos naturais — como montanhas, cânions, rios, lagos e formações rochosas — são considerados moradas de espíritos poderosos. Muitos dos locais mais sagrados dos navajos — como o Rochedo da Aranha no Canyon de Chelly, norte do Novo México, que acreditavam ser a morada terrestre da Avó Aranha tecelã do arco-íris — estão entre os lugares de maior beleza natural da América do Norte.

O fato de estarmos atentos à beleza do meio ambiente nos permite reconhecer e apreciar ao máximo a natureza. A beleza não só faz com que enxerguemos o esplendor mágico da forma em si, mas nos inspira a ficarmos abertos à sabedoria e ao amor que criaram a forma natural. Deparar-se com a beleza de uma flor, árvore ou montanha muitas vezes estimula em nós as mais belas virtudes humanas, incluindo a admiração, o contentamento e o amor.

As quedas-d'água têm uma habilidade especial para nos fazer apreciar a beleza em todas as suas dimensões. Aprendi com um deva associado às grandes Cataratas de Dingman, no leste da Pensilvânia, como o efeito da beleza física e da presença espiritual do deva pode nos auxiliar a dissolver antigos padrões mentais e emocionais e permitir que sintamos a intemporalidade do "agora". Ao observar uma cachoeira, reparando tanto nas quedas como um todo quanto na multidão de pequenos detalhes (tais como as libélulas brincando ao pé da cascata), podemos nos sentir tocados

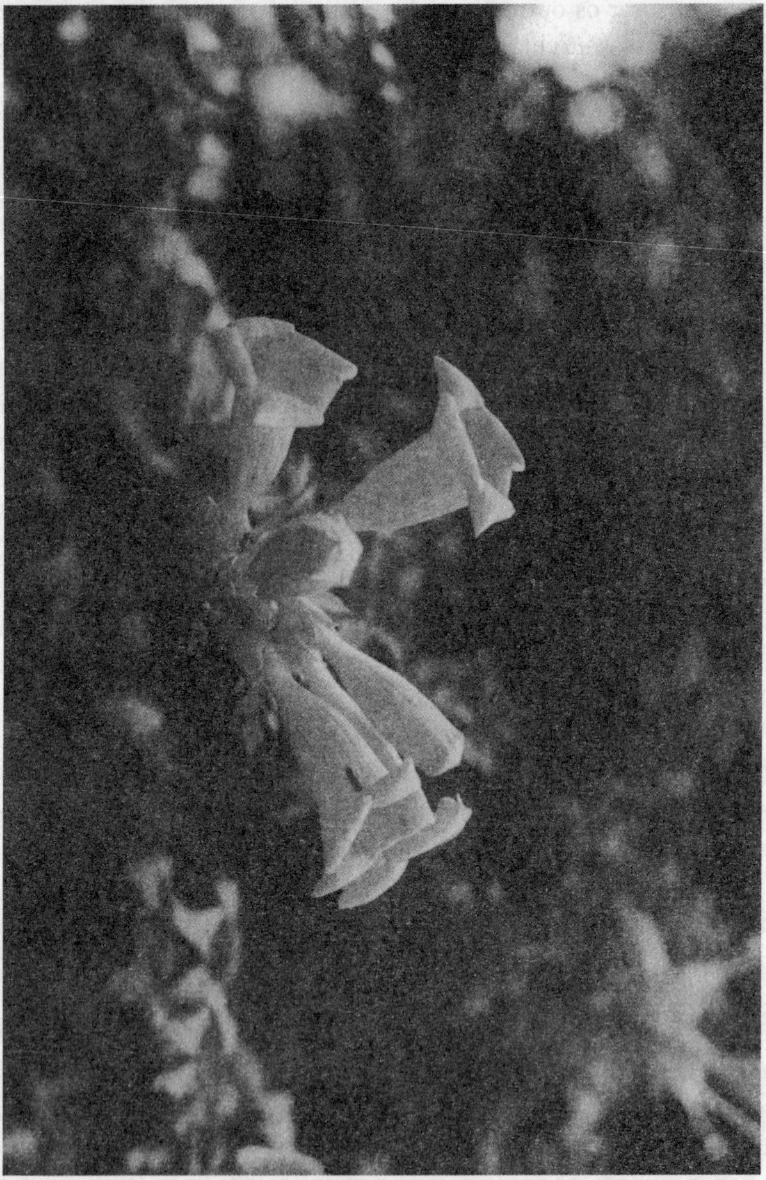

Jasmins-da-virgínia, Brooklyn, Nova York

pela sua beleza, a ponto de sermos afetados pelo seu poder de transformação. Como resultado, passamos a enxergar a natureza e a vida de uma perspectiva ao mesmo tempo mais profunda e mais ampla.

Em *The World Is As You Dream It*, um livro sobre as experiências com os povos shuares do Equador, seu autor, John Perkins, escreve de modo comovente sobre a beleza transformadora de uma queda-d'água:

> A cachoeira sagrada dos shuares é impressionante e bela. Mas em pé diante dela, olhando para o arco-íris que se forma próximo ao véu de água, o visitante é atingido por uma sensação que transcende a imponência da paisagem. Não importa qual seja a sua religião, você não consegue deixar de sentir o espírito desse lugar. Seu poder desafia qualquer tentativa de descrever a euforia inspirada por um fenômeno natural tão irresistivelmente grandioso que sua voz parece cruzar todas as pontes do tempo, falando a nós de um ponto qualquer num passado remoto, ou mesmo num futuro desconhecido.

A beleza das formas naturais pode influenciar tremendamente o trabalho de artistas e escultores. Por exemplo, quando um artista pinta um quadro de um lago, depois de ter se deixado influenciar pelos fluidos da sua beleza externa e interna, a pintura incorpora uma qualidade mais profunda, uma dimensão mais complexa. Em outras palavras, o pintor está criando uma obra de arte em muitos níveis distintos do seu próprio ser, em vez de se limitar à habilidade artística ou ao senso intelectual de proporção.

O TRABALHO COM AS FLORES

Explorar o mundo das flores é uma das maneiras mais fáceis e agradáveis de ajudar a aprofundar nosso contato com o mundo natural e para reconhecermos o valor da natureza. Embora as flores desempenhem um papel importante na prática espiritual há dezenas de milhares de anos, elas costumam ser menosprezadas e pouco utilizadas como agentes poderosos para favorecer a evolução espiritual. Elas podem desempenhar uma função importante como "portal de entrada", introduzindo-nos no mundo dos espíritos da natureza. Acredita-se que o uso consciente dos florais de Bach e de outras essências de flores nos permite sintonizar os aspectos emocionais e mentais sutis do nosso ser com a consciência dévica que orienta a evolução da flor. Ao ingerir a essência floral, participamos intimamente da energia dos devas.

Por que as flores? Porque são uma das obras-primas da natureza que têm muito a oferecer em vários níveis:

1. As flores são a expressão consumada da beleza. A flor é freqüentemente o ponto "focal" de uma planta ou árvore em floração, e serve para atrair outros seres vivos, pela beleza visual, cor e aroma. É também vital para a reprodução da planta. Em algumas espécies vegetais, como certas variedades de bambu, a flor é a meta final na evolução individual da planta; depois da florescência, a planta morre. As flores oferecem uma incrível beleza visual pelo sem-número de cores e formas; elas apresentam uma ampla variedade de formatos e tamanhos e irradiam centenas de fragrâncias diferentes, da mais sutil à mais acentuada.
2. As flores são pacíficas e amigas. Todos — não importa a idade ou cultura — se sentem atraídos pelo menos por alguns tipos de flores.
3. As flores oferecem uma combinação de delicadeza e de força; algumas sobrevivem e vicejam mesmo nas condições ambientais mais adversas. Servem como exemplo que nos ajuda a equilibrar os aspectos masculino e feminino da nossa natureza, o que é um fator essencial para lançar as bases da cooperação entre homem e devas.
4. Há flores para todos os gostos. Algumas pessoas preferem um simples buquê de margaridas que crescem num terreno baldio, enquanto outras se sentem inspiradas por uma graciosa clema-

tite que espalha seus ramos ao longo de uma treliça armada no jardim.

5. Por estarem enraizados na Mãe Terra, os espíritos da natureza associados às flores oferecem tanto "ligação com a terra" quanto sabedoria telúrica. Como as flores estão em todo lugar, é fácil encontrá-las, seja numa grande cidade ou numa área rural isolada.

Uma das qualidades mais atraentes das flores é sua capacidade de se expressar. Por sua própria essência, podem nos oferecer muitos ensinamentos importantes sobre uma ampla variedade de virtudes, incluindo afabilidade, força para superar dificuldades, paixão, ânsia pela vida, capacidade de adaptação, expressividade, graça, coragem, fragilidade e uma aptidão irrestrita para se doar.

Em meus primeiros trabalhos com os espíritos da natureza, eu costumava visitar com freqüência locais floridos em todo o distrito do Brooklyn, Nova York; eu estava decidido a receber o que as flores tinham para compartilhar comigo. Uma de minhas descobertas foi que as flores muitas vezes refletem as necessidades dos seres humanos em seu ambiente mais imediato. Por exemplo, as flores plantadas do local de fora de uma escola têm o papel de influenciar os alunos que passam por elas no caminho da sala de aula, enquanto uma flor que cresce perto de uma árvore geralmente tem a função de instruir que está ligada de alguma forma à função da árvore. Certo dia, visitei um grupo de trepadeiras do campo que cresciam ao redor de um hidrante, num terreno baldio em Red Hook, uma das regiões mais embrutecidas e depressivas do Brooklyn. Embora não soubesse disso na época, depois do anoitecer esse terreno baldio era local de encontro de prostitutas e viciados em drogas.

A mensagem que recebi do espírito das trepadeiras tocou-me profundamente. Falou-me de como as flores nos dão esperança para nos ajudar a transcender as dificuldades humanas. Através de uma vigorosa combinação de beleza, cor, aroma e energia espiritual, as flores "rompem" nossa couraça psicológica externa e entram em contato com nossa natureza mais elevada, onde residem a inspiração e a sabedoria. Sua energia toca e desperta a minúscula centelha de esperança que se encontra latente em cada um de nós, levando à transformação mesmo a pessoa mais desanimada e deprimida. O espírito das trepadeiras convidou-me a visitar flores em jardins, parques, campos, beira de estradas e mesmo em terrenos baldios, na minha busca de despertar e de transformação espiritual.

Quais são as flores que mais podem nos ajudar? Isso depende muito do gosto pessoal e de como nos sentimos no momento. Embora todas as flores ligadas à Mãe Terra possam oferecer sabedoria telúrica, descobri que as flores mais interessantes são aquelas que crescem livres, nos campos, nas matas, na beira de estradas e nos terrenos baldios. A mensagem das flores que recebem muitos cuidados e são cultivadas com esmero, em lugares como um jardim convencional, podem nos transmitir mensagens espirituais inspiradoras. Por outro lado, flores que crescem espontaneamente num campo ou num terreno baldio, provavelmente vão proporcionar informações básicas, diretas, mais próximas às necessidades das pessoas comuns; informações de ordem prática sobre sobrevivência, relacionamentos, dignidade ou consciência ecológica. Mesmo as flores mais simples podem nos fornecer revelações espirituais. Uma das minhas mensagens favoritas me foi comunicada por um deva ligado a um grupo de margaridas que crescia numa rua da cidade. Ele falou do seu papel como portal de entrada dos reinos espirituais, acessíveis a todos os seres.

Se você quer trabalhar com esse tipo de deva, visite locais onde há flores que o atraem de maneira instintiva, se você estiver aberto e sensível a elas, as flores vão lhe "gritar" silenciosamente e atrair sua atenção.

A melhor forma de abordar as flores é com uma atitude amiga, de um jeito semelhante àquele que usamos para nos aproximar de um cachorrinho ou gatinho. Embora possa querer falar com elas, nem sempre isso é necessário; elas são mais afetadas pelas nossas energias do que por aquilo que possamos lhes dizer. Observe a flor com o coração aberto, reconhecendo sua beleza, graça e sereno poder. Seja receptivo e sensível, pois está comungando com uma obra de arte viva!

O ACÚMULO DE CONHECIMENTOS

O contato direto com lagos, riachos, árvores, rochas e flores é essencial para aprender mais sobre a natureza, mas a leitura de livros, os cursos e as vivências, além dos programas audiovisuais, podem ser um complemento valioso à experiência imediata. Muitos de nós já lemos sobre as longas viagens a pé do naturalista e ambientalista pioneiro John Muir, e sobre as experiências que teve vivendo em locais solitários. Muir, que muitas vezes passava meses inteiros sozinho em locais isolados, é com freqüência encarado principalmente como místico e visionário. No entanto, foi também um cientista que levava dezenas de instrumentos de medição e livros sobre geologia, biologia e glaciologia toda vez que partia para as regiões selvagens. O equilíbrio entre o conhecimento intelectual, obtido por meio de livros e de outras formas de pesquisa, e o conhecimento imediato, alcançado a partir do contato direto com o mundo natural, proporcionou a Muir uma compreensão profunda e ampla, sem rival na sua época.

Infelizmente, a pesquisa científica tradicional se concentrou no velho modelo mecanicista de existência desenvolvido pelo filósofo francês René Descartes. Segundo seu modelo de "sistemas fechados", o mundo natural é constituído da soma de suas partes individuais, e essas partes funcionam mais ou menos independentemente umas das outras. Um elemento do ambiente não tem relação com nenhum outro, e a matéria (isto é, tudo o que pode ser medido e previsto) é considerada a única realidade.

A margarida: "Somos flores fáceis de encontrar. Atraímos gostos simples, modestos... Em certo sentido, estamos no portão de entrada do mundo da luz espiritual. Não nos sentamos no trono de Deus, mas do lado de fora dos portões, onde você começa a receber as dádivas do mundo espiritual. Fazemos que se sinta bem-vindo, feliz por estar aqui — por mais indigno que se sinta, ou por mais arruinada e sofrida que esteja a sua vida. Penetrando em sua consciência, lhe afirmamos que você é digno e bem-vindo. E oferecemos uma mensagem simples, carinhosa, direta: uma mensagem de amor, de esperança e, acima de tudo, de aceitação."

Até recentemente essa idéia era aceita como modelo científico dominante de investigação.

Descobertas recentes da biologia e da física quântica, entretanto, revelaram que o mundo natural é basicamente um *sistema aberto:* com características de interdependência, inter-relacionamento, cooperação, caos e mudança. Esse modelo ensina que o mundo é mais que a soma de suas partes e que há uma força intangível de energia vital que nos liga a toda a vida desse planeta e do universo. De acordo com o físico Fritjof Capra, o universo deve na verdade ser descrito "como um todo indivisível, dinâmico, cujas partes estão essencialmente inter-relacionadas... A biologia de sistemas, assim como a 'nova física', enfatiza as relações em vez das entidades isoladas; ela trata da complexa rede de relações dinâmicas que existe entre formas de vida externamente diferentes".

Em vez de investigar os segredos da biologia, da química, da geologia ou da botânica num método de estudo fechado, podemos voltar nossas investigações para compreender as inter-relações existentes no âmbito do nosso assunto de interesse. Ampliando nossa perspectiva, podemos conseguir uma idéia mais clara do panorama global. Por exemplo, se fôssemos estudar o problema das enchentes provocadas por um rio, poderíamos nos concentrar na origem e na dinâmica desse rio. Ainda que essa estratégia pudesse ser útil, também deveríamos estudar a condição do solo ao longo das margens e investigar se o desmatamento, a agricultura, a construção de rodovias e a urbanização concorreram para que o rio não pudesse se manter em seu leito. Precisaríamos também analisar a ligação entre as enchentes e as alterações dos padrões climáticos provocadas por outros problemas ambientais. Fazendo essas ligações, estaríamos mais aptos a elaborar estratégias inteligentes e duradouras que beneficiassem todas as formas de vida da biorregião.

Não precisamos nos limitar somente ao estudo científico. Fazer um apanhado histórico de como os homens vêm tratando esse assunto é algo que nos ajuda a obter uma compreensão mais profunda e pessoal. Por exemplo, vamos imaginar que moramos no norte da Califórnia e queremos saber mais sobre os carvalhos. Aprender sobre o hábitat, sobre os padrões de crescimento e meios de reprodução dessa árvore é ao mesmo tempo útil e interessante. Mas que dizer da forma como os homens se relacionaram com o carvalho? As bolotas eram um dos alimentos mais importantes e básicos para muitos povos indígenas do norte da Califórnia. Os frutos do carvalho eram moídos e, com a farinha obtida, fazia-se uma variedade de alimentos. As tribos dos shastas, yuroks, mewoks, yumas, paiutes e chumashes estão entre aquelas cuja própria existência dependia da coleta das bolotas, e muitas as trocavam com outras tribos, por variedades diferentes de castanhas, por sementes, peles e outras mercadorias. O livro *Oaks of California* conta que o carvalho era tão reverenciado pelos índios californianos que homens e mulheres muitas vezes recebiam nomes como "Doce Bolota" e "Bolota Listrada". Os povos ohlone e maidu baseavam seus calendários nas épocas de coleta das bolotas. O calendário dos maidus referia-se ao nosso mês de abril, por exemplo, como winuti ("panícula de carvalho-negro"); setembro, por sua vez, era denominado matmeni ("pão de bolota").

Adotar o método de sistemas abertos no estudo dos outros seres do mundo natural aprofunda a compreensão da natureza e o nosso relacionamento com ela. Isso nos leva a reconhecer a importância da natureza e nos torna mais sensíveis à vida e às necessidades dela.

5

Respeito

Para brotar das oficinas da Natureza, uma coisa tem de ser digna do zelo amoroso e da arte esmeradíssima da própria Natureza. Não deve também ser digna, ao menos, do teu respeito?

— Mikhail Naimy, The Book of Mirdad

Respeito é algo de vital importância para estabelecer um contato benéfico com as forças sutis da natureza. Por um lado, o respeito incute nos espíritos da natureza a confiança, a afeição e a disposição de compartilhar. Ao mesmo tempo, nos fornece a base para permanecermos abertos àquilo que a natureza tem para dividir conosco, seja na forma de cura, de inspiração ou de sabedoria.

Livros como *Deep Ecology*, de Bill Devall e George Session, e *Thinking Like a Mountain*, de John Seed, contestam a idéia de que os seres humanos são a medida definitiva da criação, e afirmam que somos uma parte da grande família da Terra. Pregam que nossa arrogância e desrespeito com relação à natureza está colocando em risco não somente a espécie humana, mas toda a vida. A ecologia profunda reconhece que, para preservar os sistemas de sustentação da vida, é necessária uma transformação total da nossa consciência acerca de nós mesmos e da nossa relação com a Terra.

Uma das leis básicas da ecologia profunda é que cada coisa viva tem uma razão para estar aqui, uma missão a realizar, e recebeu uma função especial no esquema geral das coisas. De acordo com a ecologia profunda, a Terra é *um organismo único* e cada coisa viva é parte do todo. Se queremos que esse "organismo" sobreviva, temos de aprender a respeitá-lo, e procurar respeitar todas as formas de vida com as quais compartilhamos nossa morada planetária.

Algumas sociedades indígenas como os navajos, os aborígines australianos e os shuares sempre foram conscientes de que a sobrevivência do seu povo depende da generosidade da Terra. O riacho que lhes dá água de beber e peixe para comer, as árvores que lhes dão proteção, sombra, alimento, abrigo e remédios, o céu que traz as chuvas, e o solo que faz crescer as lavouras e proporciona a base em que caminham, são admirados com gratidão, dia após dia. A propriedade privada geralmente é desconhecida em sociedades que apreciam dessa forma o mundo natural, pois como se pode possuir algo de que você mesmo é parte integrante?

Esse sentimento de gratidão gera respeito, que por sua vez forma a base de cada atitude da comunidade para com o ambiente. Por exemplo, os membros da tribo laguna pueblo, da região hoje conhecida como Novo México, realizam cerimônias elaboradas para demonstrar seu respeito à Mãe Terra sempre que caçam para conseguir alimento. Os caçadores elevam preces ao Grande Espírito antes de deixar a comunidade e depois de ter chegado à região da caçada. Prestam também tributo ao cervo que vai lhes proporcionar alimento e roupas. Um ancião da tribo laguna pueblo (no livro *Respect for Life*) deu a seguinte descrição de como agem o caçador e seus companheiros quando estão tirando a pele de um cervo que acaba de ser abatido.

Quando o grupo começa a retalhar o animal, todos pedem perdão ao Criador por cortar a carcaça — por retalhar a carne do cervo e tirar sua pele. E quando retiram o coração, eles rogam ao Criador que haja muitos cervos no futuro... Logo que o cervo foi limpo, faz-se uma pequena cova ao leste de uma árvore perene ou cedro, ou qualquer outra planta, e todas as vísceras do cervo são colocadas nessa pequena cova. Os homens fazem novas preces e depositam ali amuletos de pedra. E qualquer animal que por sorte venha a se servir dessa carne é convidado a desfrutar da refeição.

O respeito pela natureza é também um componente essencial da vida cotidiana dos machiguengas, do sul do Peru. Como ocorre com outros povos amazônicos, os mundos físico e espiritual dos machiguengas são indissociáveis. Eles crêem que cada rio, lago, planta ou animal é um espírito. Quando plantam mandioca, um dos alimentos básicos desse povo, eles rogam aos espíritos da mandioca que a planta cresça forte e perfeita. E quando colhem a mandioca, meses mais tarde, pedem ao espírito que libere a planta do solo. As pessoas que visitam a comunidade machiguenga no Parque Nacional do Manu ficam impressionadas com os singulares métodos agrícolas, que incluem rotação de lavouras e biodiversidade e são capazes de reconstituir a floresta num período de vinte anos. O respeito dos machiguengas pelo meio ambiente e seu trabalho com os espíritos da natureza fazem com que a cultura desse povo continue prosperando por milhares de anos.

Lamentavelmente, respeito e gratidão pela natureza raramente estão presentes nas ações da maioria dos membros das sociedades industriais. Árvores, animais selvagens, lagos e rios são encarados basicamente como "recursos naturais" a serem dominados, controlados e explorados com vistas a ganhos financeiros. A violação da terra na busca pelo petróleo e por metais preciosos, a caça de raposas e arminhos para o comércio de peles, a devastação de florestas para a extração de madeira e a poluição cada vez maior da água e do ar causada por veículos motorizados e fábricas atestam uma profunda falta de respeito pela Terra.

Em *The Earthsteward's Handbook*, Danaan Parry e Lila Forest citam as palavras angustiadas de uma mulher sagrada da tribo dos wintus, que compara a postura dos indígenas americanos e a dos homens brancos com relação ao respeito pela Terra:

> Os homens brancos nunca se importaram com a terra, com o cervo ou com o urso. Quando nós índios matamos um animal, comemos toda a sua carne. Quando extraímos raízes, fazemos buracos pequenos. Quando construímos casas, fazemos buracos pequenos. Quando queimamos pasto para matar gafanhotos, não arruinamos tudo. Sacudimos as árvores para derrubar bolotas e pinhões. Não cortamos as árvores. Usamos somente madeira morta. Mas os homens brancos reviram o solo, derrubam as árvores, matam tudo. A árvore diz: "Não faça isso, estou ferida. Não me machuque." Mas eles a derrubam e a cortam em pedaços... Como o espírito da terra pode gostar do homem branco?... Todo lugar que o homem branco tocou está ferido.

AS RAÍZES DO RESPEITO

O que é respeito? O próprio termo remonta suas raízes ao latim *respectus*, que significa "olhar para trás" e "considerar". Respeito implica reconhecimento da importância da *individualidade* dos outros — bem como das suas crenças e sentimentos. Essa atitude então é refletida no nosso comportamento com relação a eles. Respeito também implica compreensão das necessidades dos outros (seja o "outro" uma pessoa, uma árvore, um animal ou um rio), de forma que possam se expressar da maneira mais completa possível, de acordo com seu potencial inato. Isso pode significar permitir que um filho siga a carreira que escolheu, que uma árvore cumpra seu ciclo de vida completo, que um golfinho leve sua vida no oceano, e não cativo num aquário. Significa não controlar o fluxo natural de um rio por meio de barragens e diques, ou ainda evitar arrancar flores. Pode também implicar a colheita dos frutos somente quando maduros.

Poucas pessoas discordariam de que a falta de respeito é algo muito comum no nosso mundo hoje. As pessoas são discriminadas por causa da raça, da religião, da preferência sexual e do sexo. Os homens não respeitam as mulheres e freqüentemente as tratam como enfeites e objetos sexuais. Agentes de cura que adotam práticas terapêuticas naturais ou alternativas, como a fitoterapia, muitas vezes são perseguidos pelas instituições médicas oficiais. Não raro os velhos são descartados pela geração mais jovem e passam seus últimos anos em solidão e desespero. Milhões de animais de estimação rejeitados e abandonados são sacrificados todo ano por sociedades protetoras.

Embora em geral seja um artigo bastante raro, o respeito é essencial para a criação e manutenção da estrutura comunitária, que inclui todos os seres vivos. O educador John Gardner ressaltou o seguinte há alguns anos, durante um seminário sobre a educação de crianças indígenas americanas:

> [o respeito] está bem no centro da relação de uma pessoa com seu próximo, começando com a relação entre a criança e sua família. Está no centro da relação do homem com a natureza e com o Grande Espírito acima dele. Você mostra que o respeito está realmente na base da disciplina e da autoridade; é fundamental para todo tipo de aprendizado, bem como para desfrutar a vida.

As crianças aprendem a ter respeito basicamente através do exemplo dos pais, dos professores e dos irmãos mais velhos. Respeito, em seu sentido mais completo, não abrange somente respeitar outras pessoas e suas necessidades, sentimentos e direitos, mas implica respeitar a nós mesmos: nosso corpo físico por meio de exercícios e alimentação adequada, e também nossas próprias necessidades físicas, nossos sentimentos e nossa essência espiritual. O respeito por nós mesmos inclui ainda respeitar a energia que anima o nosso corpo e as forças naturais que nos criaram e sustentam, e que também criaram e sustentam os outros seres vivos.

Os povos nativos da América do Norte e outros povos indígenas têm muito a nos ensinar sobre viver de forma respeitosa na Mãe Terra. Podem principalmente nos ensinar a alcançar uma relação mais instintiva com outras formas de vida. John Gardner, em *Respect for Life,* afirma o seguinte:

> Temos de deixar bem claro o fato de que não basta simplesmente viver junto à natureza. Tudo depende de *como* você vive próximo à natureza, *como* a estuda. Nesse ponto, mais uma vez, os índios podem nos mostrar o caminho. Se é apenas a mente, e não o coração, que ouve as mensagens da natureza, os ensinamentos mais profundos não serão captados. Seus mistérios serão corrompidos por um modo frio de interpretar as coisas.

Saber mais sobre as tradições religiosas e culturais que privilegiam o contato com a terra pode nos ajudar a fundamentar essa atitude de respeito com relação à natureza. Graças a progressos recentes nos campos da mídia e da computação, o acesso a informações sobre outras tradições culturais e religiosas está ficando cada vez mais fácil. Livros, fitas de vídeo e a tecnologia de CD-ROM permitem que qualquer um conheça outras culturas; é possível ler sobre práticas religiosas tradicionais do xintoísmo e ver seus santuários sagrados, ou "visitar" uma cultura da floresta equatorial, como a dos machiguengas, através de um vídeo produzido com sensibilidade, como é o caso do *Spirits of the Rainforest.*

É também muito mais fácil viajar a regiões remotas do que o era no passado, embora precisemos ter bastante sensibilidade com relação às tradições culturais das pessoas e lugares que queremos visitar. Há muitos anos, visitei uma comunidade isolada dos cunas, perto da costa do Panamá, com o objetivo de fazer pesquisas para um livro sobre árvores sagradas. Sabia somente o nome de uma pessoa na ilha, que havia estudado antropologia na cidade do Panamá. Cheguei na ilha a bordo de uma piroga antes do amanhecer, e, por não querer acordar meu único contato, vaguei sozinho pela ilha. Sendo o único não nativo da ilha, acabei atraindo bastante a atenção dos outros. Perguntei aos que falavam espanhol sobre árvores sagradas e espíritos das árvores, mas ninguém parecia saber nada sobre o assunto.

Depois de, finalmente, encontrar o meu contato, perguntei a ele sobre as árvores. Ele ficou visivelmente constrangido, e me disse que a única pessoa com quem eu podia falar sobre essas questões era o chefe da tribo, que era acessível por meio de um *nele*, um xamã cuna. Fazer perguntas a outros membros da comunidade (incluindo ele mesmo) sobre assuntos sagrados antes de falar com o chefe era um ato de desrespeito a toda a comunidade. Sorrindo, alertou-me que a "nossa conversa não havia acontecido", e me conduziu à casa de um dos *neles*, que acabou conseguindo para mim um encontro com o chefe. Depois de uma visita de uma hora, o chefe me sugeriu que falasse com um jovem antropólogo que morava na ilha, justamente a pessoa com quem eu falara. Agora ele podia falar abertamente sobre as práticas sagradas dos cunas e confirmou muito do que o chefe tinha me falado sobre as árvores sagradas. Embora tivesse a sorte de obter as informações que precisava, me dei conta do pouco que sabia sobre a cultura cuna antes de chegar, e como tinha demonstrado pouca sensibilidade com relação às suas tradições religiosas e sociais.

É possível encontrar hoje uma variedade cada vez maior de guias turísticos especializados e pacotes de viagens que respeitam essas culturas nativas, e oferecem tanto o aparato necessário quanto o acesso a elas e aos seus locais sagrados. Algumas organizações, como a Journeys into American Indian Territory (ver Recursos), levam pequenos grupos de visitantes a algumas comunidades e os apresentam à cultura e às tradições nativas, num nível que geralmente pessoas estranhas não têm acesso. Em alguns casos, uma visita pode até incluir a participação dos visitantes numa espécie de sauna ritual, numa refeição com pratos nativos típicos, numa dança cerimonial, num rito mágico ou em outra atividade tradicional. Aprender sobre a cultura tradicional — seja lendo sobre santuários xintoístas, ouvindo uma fita cassete de cânticos cerimoniais de umbanda em honra dos orixás, ou participando de um festival apache de distribuição de presentes (o "potlatch") — pode nos ajudar a avaliar o respeito que todas essas culturas têm pela Mãe Terra.

COMO OLHAR PARA A NATUREZA COM OS OLHOS DO CORAÇÃO

Cultivar o respeito por si mesmo implica tornar-se mais consciente das forças que também criam e sustentam todas as outras formas de vida. Como já observei nos capítulos anteriores, uma parcela fundamental dessa compreensão provém de um contato profundo e freqüente com a natureza dentro do ponto de vista emocional — em contraste com o intelectual.

Simplesmente estar na natureza — trilhar serenamente um caminho na mata, caminhar em silêncio ao longo de um riacho, sentar-se apoiando as costas no tronco de uma árvore, observar as flores, ouvir o vento, escutar os pássaros cantando nos galhos das árvores, ver o vôo dos insetos, sentir a terra e as pedras sob os pés, ou deitar no chão e observar o céu — já contribui para aprofundar aos poucos o nosso respeito e admiração por ela.

À medida que ficamos mais íntimos da natureza, começamos a sentir sua energia e a compreender seus ritmos. Respeitamos a força, a beleza e a sabedoria que são inerentes à ela e a todas as suas incontáveis expressões.

Também começamos a perceber a inter-relação da vida. Aprendemos a respeitar os aspectos integrados essenciais de uma floresta ou de um pântano e passamos a apreciar a interação dos elementos e o modo como contribuem para formar esse conjunto vivo — complexo mas sincronizado. Pouco a pouco, esse entendimento nos levará à identificação com a interação desses elementos, e então começaremos a perceber que somos parte essencial dela. Lentamente recuperamos nosso elo quase esquecido com a terra e com os animais e as plantas.

Esse processo não acontece somente raciocinando sobre ele. Perceber a realidade da inter-relação e a interdependência de todos os seres é algo que ocorre de forma gradual, à medida que vamos nos ligando à terra e nos abrindo o suficiente para viabilizar sua manifestação na consciência. Essa percepção acaba permitindo que enxerguemos a nós mesmos e a natureza de um ângulo completamente diferente.

Quando consideramos a natureza do ponto de vista emocional, podemos chegar a um grau maior de identificação com o mundo natural. A identificação com a natureza é muito mais valiosa e duradoura do que a identificação com a própria cultura, grupo racial, idéias políticas, movimentos sociais ou posses materiais. Não só vale mais a pena como é muito mais *real.* Quando nos identificamos com o mundo natural, estamos assimilando *a realidade que existe por trás da forma,* e não com criações humanas como superioridade racial, *status* social e diferenças religiosas. É claro que essa mudança radical de consciência nem sempre acontece na forma de uma seqüência previsível de eventos, já que as reações de cada um à natureza não são necessariamente seqüenciais e lineares!

No entanto, à medida que começamos a experimentar a sensação de unicidade com a natureza, não somente assumimos nossa identidade verdadeira, mas compreendemos mais profundamente nossa posição como parte da ordem natural da vida. Começamos a descartar velhas imagens de ódio e de menosprezo por nós mesmos, assim como sentimentos de autodesvalorização. Percebemos que temos direito de estar aqui na Terra, e deixamos de nos sentir insignificantes e indignos. Começamos a nos enxergar como uma parte poderosa, bela e essencialmente amorosa da família da natureza. Ao mesmo tempo, começamos a perceber que, partilhando os nossos talentos, podemos oferecer uma ajuda na causa da evolução. Passamos a reconhecer mais nitidamente o caráter sagrado da vida, não somente da nossa própria vida como indivíduos, mas também da vida de outros seres vivos.

À medida que vivemos, esse forte e irrestrito sentimento de respeito por nós mesmos e pelos outros irá se revelar em milhares de pequenas ações baseadas no amor, na compaixão e na profunda consciência. Esses pensamentos e essas ações vão nos levar, como numa espiral, rumo a um reconhecimento mais profundo de nosso valor essencial. E esse maior respeito por nós mesmos permitirá que ensinemos aos outros, pelo exemplo, essa atitude de respeito — em vez de impor regras e padrões a nós mesmos e aos outros.

"COMO FAZER CRESCER O MILHO"

O xamã Sun Bear, de uma das tribos indígenas dos Estados Unidos, dizia freqüentemente o seguinte: "Se a sua filosofia não faz crescer o milho, eu não quero ouvi-la." Sábias palavras. Atitudes e idéias revelam o seu verdadeiro valor somente quando aplicadas na vida cotidiana.

O respeito pela Mãe Terra requer ao mesmo tempo sensibilidade e o rígido compromisso de agir de acordo com esse sentimento de respeito. A forma como ele é expresso fica a critério de cada um, conforme os talentos que tem para compartilhar. Pode se resumir a simplesmente cultivar flores num vaso ou jardim, ou garantir que o animal de estimação seja tratado com respeito, amor e afeto.

Algumas pessoas podem querer estender seu zelo a uma comunidade mais ampla. Por exemplo, o habitante de uma região urbana pode "adotar" uma árvore da sua rua, regá-la quando necessário e garantir que fique protegida de maus-tratos. Caminhar num parque vizinho com um saco de lixo e apanhar garrafas, latas, papéis e outras coisas jogadas no chão pode se transformar numa atividade gratificante e útil. Tornar-se membro de uma associação local de "amigos do parque" — ou fundá-la —, plantar árvores, criar um jardim urbano ou organizar pequenos parques em terrenos baldios são formas palpáveis de demonstrar respeito pela Mãe Terra. Outros podem preferir ajudar financeiramente o jardim botânico da sua cidade, ou participar de organizações que se dedicam a salvar e a proteger o ambiente numa escala internacional, nacional ou regional.

Comprar produtos "ecológicos" ou limitar suas compras somente ao que é realmente necessário pode contribuir muito para nossa demonstração de respeito pelo ambiente. Reciclar papel, metais, vidro, plástico e lixo orgânico reduz a saturação dos aterros sanitários e diminui a necessidade de extrair alumínio e cortar árvores. Usar um transporte coletivo sempre que possível e andar de bicicleta ou caminhar, em vez de usar o carro, reduz a poluição ambiental e economiza energia.

Adotar uma dieta com um mínimo de itens de origem animal pode ser uma expressão bastante pessoal de respeito por outros animais e pelo planeta em que vivemos. A dieta vegetariana não apenas reduz a demanda de abate de animais para a produção de carne, mas realmente requer menos recursos hídricos e vegetais que uma alimentação à base de carne. O americano médio, por exemplo, consome cerca de uma tonelada de grãos por ano, embora somente 68 quilos sejam consumidos diretamente na forma de pão ou cereais. O resto é consumido indiretamente, como ração animal. A dieta mista popular nos Estados Unidos requer cerca de 11 mil litros de água por pessoa por dia (incluindo a água que os animais bebem, a irrigação e a grande quantidade de água usada na industrialização da carne). Por outro lado, uma dieta vegetariana requer somente cerca de 1.300 litros. As dietas baseadas em alimentos vegetais geram muito menos poluição do que aquelas que contêm carne, já que não provocam o tremendo dano ambiental gerado pelo escoamento das águas usadas em locais de confinamento e de alimentação dos animais, e a poluição do ar e das águas causadas pelos abatedouros. Reduzindo o consumo de produtos de origem animal, passamos a caminhar suavemente sobre a Mãe Terra e diminuímos a pressão que exercemos sobre o ambiente.

A CONSCIÊNCIA DOS PEQUENOS DETALHES

Embora respeitar o ambiente no dia-a-dia seja a nossa tarefa mais importante, também precisamos ficar atentos com relação àquilo que alguns chamam de "detalhes menores" da vida. Essa consciência até das menores e (aos nossos olhos) menos significantes formas de vida foi pregada pelos sábios ao longo da História, pois estes acreditavam que a atenção aos detalhes pequenos da vida reflete uma postura mais ampla. Nas palavras de um poeta chinês anônimo:

> *Amo essa pequena erva*
> *Nela encontro uma centelha de vida.*
> *No meio da parede cresce a pequenina erva,*
> *Fascinante e vicejante.*
> *Rego-a todo dia.*
> *Enquanto cresce, ela reflete a importância da vida.*

Entre os jainistas, praticantes da seita religiosa da Índia que se baseia na doutrina do *ahimsa*, ou não-violência, proíbe-se que uma pessoa religiosa cave o chão sem um bom motivo. Aconselha-se também a não derrubar árvores, pisar em gramados ou arrancar folhas, flores ou frutos verdes das árvores. Alguns monges jainistas levam tão a sério seus votos que se recusam a andar em veículos motorizados, receosos de matar pessoas ou animais, e tomam extremo cuidado para não matar insetos até quando caminham pela rua. Segundo o texto jainista *Atma Tatva Vichar*:

> Ao se movimentar, falar, comer, beber, se levantar, sentar ou dormir, o monge tem de ser extremamente cuidadoso para não provocar nenhum dano a seres delicados ou corpulentos. É por isso

que carregam consigo um espanador. Com as pontas extremamente macias dos fios de lã do espanador, eles removem qualquer inseto vivo que possa rastejar sobre o seu corpo, vestimenta ou utensílios, para assim evitar de machucá-lo.

A maioria de nós enfrentaria dificuldades para levar a vida não violenta de um monge jainista. Rick Day, porém, descreve uma aplicação bem contemporânea da sensibilidade e do respeito à terra durante a instalação de um sistema sanitário numa comunidade espiritual nas Montanhas Catskill:

> Nós o implantamos sem causar nenhum dano ao ambiente. Retiramos a vegetação rasteira antes de cavar. Os galhos foram amarrados e deixados fora da área de trabalho. As fossas foram escavadas manualmente, para não danificarmos as grandes raízes das árvores. Gostei desse novo modo de trabalhar em harmonia com a vida ao redor. É a manifestação de todo o nosso amor.

Formas de vida são constantemente destruídas para garantir a sobrevivência de outras formas de vida — como acontece conosco. Mas pessoas como Albert Schweitzer ressaltam que devemos nos esforçar para provocar o menor dano possível a outros seres vivos:

> Antes de prejudicar a vida sob qualquer forma, tenho de me certificar se isso é mesmo necessário. Não devo nunca ultrapassar os limites do inevitável, mesmo em casos aparentemente sem importância. O fazendeiro que ceifou mil flores no pasto para servirem como forragem para suas vacas deve cuidar para que, no caminho de casa, num passatempo irrefletido, não decepe a coroa nem de uma única flor que cresça na beira da estrada, pois ao fazer isso prejudica a vida sem ter sido forçado a agir assim pela necessidade.

RESPEITO: A SINTONIA ENERGÉTICA

Num capítulo anterior falamos sobre como as energias permeiam o universo. Quando a nossa vida passa a se basear no respeito pela natureza, pessoas mais sensíveis podem perceber uma mudança no nosso campo energético. Do mesmo modo, algumas pessoas costumam atrair animais porque estes pressentem que elas são amigáveis e afáveis. O fato de cultivarmos na nossa vida — respeito por nós mesmos, pelas outras pessoas, pelos animais, vegetais e por outros seres vivos — ajuda a criar a *expressão energética total* de quem somos. Como os devas se relacionam num nível energético, e não com base em nossa aparência externa, a qualidade e o teor da nossa energia são vitais para qualquer relacionamento significativo com eles. Por exemplo, uma pessoa insensível que entre na mata com o único intento de derrubar um arvoredo inspiraria medo entre os espíritos da natureza. Por outro lado, uma pessoa que entra na mata com uma atitude de respeito e gratidão inspira confiança, mesmo que em sua jornada ela corte algumas árvores.

Alguém que não cultivou o respeito em sua vida não seria somente pouco receptivo às energias benignas naturais, mas também incitaria desconfiança e medo entre os espíritos da natureza circundantes. Entretanto, uma pessoa que tenha o respeito como tônica do seu ser, inspira confiança e abertura dos membros do reino dos anjos. É quase como se os seres da natureza dissessem: "Esse é um amigo." Essas pessoas serão atraídas para os membros da hierarquia angélica que mais sintonizarem com sua energia terna e respeitosa. Essa base é essencial para obter um nível de comunicação e comunhão mais seguro, mais claro e mais apurado entre as espécies.

6

Humildade

Humildade: essa doce e profunda raiz,
Que é de todas as virtudes celestiais a matriz.
— ***Thomas Moore, The Loves of the Angels***

A humildade é a nossa "rede de segurança" quando trabalhamos com espíritos da natureza. Ela evita que nos entreguemos à característica bem humana de tentar controlar a natureza, simplesmente para satisfazer o ego, manipulando a natureza ou outros seres vivos para que cumpram as nossas ordens.

A humildade é o aspecto psicológico da ligação com a natureza. Ela requer que renunciemos ao controle mental e abandonemos as imagens idealizadas de nós mesmos como seres humanos. O termo "humilde" remonta à palavra latina *humus*, que significa "chão". No inglês moderno [e também no português], húmus é uma substância marrom escura ou negra, resultante da lenta decomposição e oxidação de matéria orgânica, que constitui o solo em que crescem as plantas.

Ser humilde não significa ter complexo de inferioridade. Embora a humildade ensine que não somos o centro do universo, não somos também meros grãos de areia na praia. "Ser humilde é avaliar corretamente o próprio eu", disse Charles H. Spurgeon. "Ser um homem humilde não é ter de si mesmo um conceito menor do que o correto, posto que agir assim pode deixar esse homem um tanto confuso."

A humildade nos ajuda a formar uma idéia equilibrada de nós mesmos com relação ao restante do mundo vivo. Descobrir a virtude da humildade não somente possibilita que levemos em conta novas idéias e os pontos de vista das outras pessoas, mas também nos torna mais receptivos à natureza e à informação e inspiração que os devas têm para partilhar conosco.

UMA TRADIÇÃO CENTRADA NO EGO

Nós, seres humanos, somos por natureza uma raça egocêntrica. Essa característica teve fundamental importância para nossa sobrevivência como espécie. Nossos ancestrais primitivos precisavam de uma forte consciência egóica para proteger a si mesmos e a suas famílias, num ambiente freqüentemente hostil. Precisavam se preocupar consigo mesmos como indivíduos a fim de planejar estratégias e se defender dos perigos, garantindo alimento suficiente para os membros do seu grupo mais próximo.

O egocentrismo é necessário para assimilar conhecimentos e crescer, para desenvolver talentos inatos como aprender a caçar ou a tocar um instrumento musical. É um aspecto do nosso ser que nos diferencia dos outros seres; é uma parte do nosso caráter que concorre para que cada um de nós se torne o indivíduo singular que somos. Ter uma forte consciência egóica não é algo inerentemente mau ou errado. É uma parte necessária da nossa jornada evolutiva rumo à individualização e percepção da vida de um ponto de vista baseado no ego, e não de uma perspectiva mais universal e altruísta.

Em termos ideais, podemos manter essas qualidades que nos levam a nos identificar com nós mesmos como indivíduos à parte enquanto procuramos nos identificar de maneira mais ampla com todo o restante da criação. Por exemplo, os aborígines australianos reconhecem a individualidade — valorizam a habilidade artística de cada pessoa, a perícia na caça ou o talento musical — mas, ao mesmo tempo, compreendem que o indivíduo é também parte de uma comunidade maior, dotada de um sistema de parentesco altamente complexo. Além de um equilíbrio saudável entre egocentrismo e valorização excessiva do grupo, os membros da tribo têm muitas vezes uma definição ampla da comunidade, que inclui outros animais, as árvores, os rios, os ventos e as rochas. Como outros povos indígenas, os aborígines encaram essa comunidade maior como uma espécie de família ampliada. Seu ponto de vista está embasado na compreensão de que dependemos de outras formas de vida para sobreviver, aprender e obter satisfação. A famosa oração de São Francisco exprime com grande beleza essa visão mais ampla da natureza:

Louvado sejas, Senhor, pelo Irmão Vento,
E pelo ar — nublado e sereno — e todo tipo de tempo,
Por meio dos quais dás sustento às tuas criaturas.
Louvado sejas, Senhor, pelo Irmão Fogo,
Por meio do qual iluminas a noite,
E ele é belo e alegre e vigoroso e forte.
Louvado sejas, Senhor, por nossa irmã a Mãe Terra,
Que nos sustenta e governa,
E produz frutos diversos com flores coloridas e ervas...

Quando a humildade começou a perder o fundamento original de ligação com o mundo natural, o equilíbrio entre o conhecimento de si mesmo como uma pessoa independente, separada das outras, e a comunidade distorceu-se. Individualismo e egocentrismo se intensificaram ao exagero. À medida que nossos ancestrais se deslocavam para cidades e vilas, sua interação social colocava menos ênfase na cooperação e na disposição para acolher outras pessoas em seu grupo e ganhavam mais peso as necessidades pessoais e da família. Identidade racial, identidade religiosa, *status* financeiro, riqueza material e influência política eram as preocupações das primitivas civilizações da Mesopotâmia, da Grécia e de Roma. O mundo natural começava a ser encarado como fonte de riqueza, poder e *status*, e não como Mãe e como aquele que sustenta a humanidade. Já em tempos antigos as grandes florestas da Europa e do Oriente Médio eram sistematicamente devastadas, com vistas à construção de templos, fortalezas, residências e embarcações. Quantidades enormes de madeira foram usadas em oficinas de fundição para o fabrico de artefatos de bronze, cobre e outros metais. Competitividade, ganância, inveja e comparação emergiram como características que continuam se refletindo nas sociedades pelo mundo afora, especialmente nas grandes cidades.

À medida que nos distanciamos mais e mais do mundo natural, a visão que a humanidade tem da vida foi-se deslocando de um nível intuitivo e emocional para um patamar mais mental e analítico. Já não nos enxergávamos como uma minúscula parte da ordem natural das coisas. Passamos a acreditar que éramos, como seres humanos, muito mais importantes que os outros seres do mundo natural, visão esta que se refletia em ensinamentos religiosos e filosóficos. O advento do Cristianismo determinou uma divisão cada vez maior entre natureza e espírito, tornando, segundo escreveu o erudito islâmico Seyyed Hossein Nasr, "a distinção entre o animal e o sobrenatural tão rígida que quase chegava a privar a natureza do espírito interior que anima todas as coisas".

A Bíblia ensina que os homens como grupo são superiores ao resto da criação, e que a humanidade tem "domínio" sobre "os peixes do mar, as aves do céu, os animais domésticos, todas as feras e todos os répteis que rastejam sobre a terra" (Gên. 1:26). Os seres humanos são os autoproclamados "reis da montanha",

Vulcão Osorno e Queda-d'água Petrohué, perto de Puerto Montt, Chile.

com autoridade para dispor dos nossos "parentes" afastados conforme nossa vontade.

Os resultados contemporâneos dessa antiga arrogância humana são a poluição, a destruição da camada de ozônio e o efeito estufa. As alterações climáticas devidas à devastação das matas aumentaram a incidência de doenças associadas à deficiência imunológica entre os seres humanos, e o aumento das perdas agrícolas resultantes da diminuição da camada de ozônio alertanos para o fato de a saúde do nosso lar planetário estar seriamente comprometida. Estamos destruindo a Mãe Terra que sempre nos deu abrigo e nos nutriu ao longo da vida.

Povos indígenas, como os shuares, os navajos e os maoris, sempre foram suficientemente humildes para perceber que o homem não pode viver sem a natureza, mas a natureza pode viver sem o homem. É provável que a vida na Terra continue de uma forma ou de outra, com ou sem os seres humanos, do mesmo modo que continuou depois da extinção dos dinossauros há milhões de anos. Muitas formas de vida não conseguirão (ou não conseguiram) sobreviver à contínua devastação causada pela poluição e pelo desflorestamento. Outras espécies — considere a incrível longevidade evolutiva de baratas, crocodilos e nogueiras-do-japão, por exemplo — vão continuar a se adaptar e prosperar num ambiente mundial em constante mutação. Se os seres humanos pretendem sobreviver como espécie, é essencial uma profunda mudança no relacionamento com a natureza.

HUMILDADE: O GRANDE NIVELADOR

A humildade pode nos ajudar a mudar a nossa relação "problemática" com o mundo natural. Ser humilde requer que nos livremos do apego a pontos de vista longamente acalentados, em favor de novas possibilidades. Exige que deixemos de lado o controle mental e nos rendamos aos sentimentos nascidos do coração, aos nossos melhores instintos naturais e a uma consciência singela da realidade. A humildade também nos conclama a expressar nossas dúvidas e confusões. É preciso estar aberto à possibilidade de que aquilo que nos ensinaram no passado pode de fato não ser mais verdadeiro.

Anos atrás visitei no Brasil um grande amigo que se recuperava de um câncer no pâncreas. Quando soube que sua doença era terminal, ele recusou cuidados médicos. Apenas seis meses mais tarde, porém, exames médicos mostraram que o câncer havia desaparecido por completo. Ele já vive há seis anos livre do câncer.

Meu amigo contou-me que sua cura começou com a ingestão de uma bebida conhecida em português como *daime.* Também denominada ayahuasca e *yaje,* é usada basicamente por membros de culturas nativas em toda a Amazônia, incluindo os mirañas, os shuares e os machiguengas, sob a orientação de xamãs tribais. No Brasil, o daime é feito de duas plantas sagradas da floresta: o cipó *jagube (Banisteriopsis caapi)* e a *folha chacrona (Psychotria viridis),* uma pequena árvore da família do café.

Essa pessoa me contou que, além de suas propriedades terapêuticas, o daime também provoca um estado alterado de consciência, como o peiote ou certas espécies de cogumelos "mágicos". Meu amigo pertence a um grupo ecoespiritual que usa o daime para alcançar evolução espiritual e aprender a viver mais em harmonia com o mundo natural; ele acabou me convidando a participar de uma cerimônia religiosa que iria acontecer dali a alguns dias.

Apesar do meu ceticismo inato e das visões de fanáticos bebendo a envenenada Kool-Aid na malfadada comunidade de Jonestown, na Guiana, decidi aceitar o convite. Sabia que poucas pessoas sobrevivem a um câncer no pâncreas, mesmo quando se submetem a quimioterapia, radioterapia ou cirurgia. Supus que, se o daime havia feito com que meu amigo se curasse de uma doença terminal, não me causaria nenhum dano.

A cerimônia foi realizada numa igreja simples, construída numa clareira dentro da floresta. Mais de cem pessoas estavam presentes, incluindo muita gente que viera do Rio de Janeiro e de São Paulo especialmente para o evento. Depois de beber um copo de daime, os membros da igreja se reuniram em filas para a cerimônia, em que haveria o canto de hinos e danças em grupo. A cerimônia começou ao pôr-do-sol e continuaria até o amanhecer do dia seguinte.

Vários minutos depois de ingerir o líquido amargo, cor de café, comecei a experimentar uma sensação um tanto agradável de maior sensibilidade tanto com relação ao meu corpo quanto com relação às pessoas que me cercavam. Mas alguns minutos depois, o medo — e depois o terror — começaram a tomar conta de mim: passei a sentir uma pressão no peito, tonturas e peso nos braços e nas pernas. Também fiquei com enjôo e tive de correr para fora da igreja para vomitar. Perdi totalmente o controle da mente e das funções orgânicas. O mal-estar e o medo me fizeram acreditar que iria morrer. Eu nunca havia passado antes por nada parecido.

Nesse momento crucial, lembro-me de ter caído de joelhos e pedido a Deus, entre lágrimas, que me poupasse a vida. Pedi perdão pela arrogância, pelo orgulho e pelos atos ofensivos do passado. Pedi que não me tirasse a vida, e afirmei que faria tudo o que fosse necessário para mudar. Eu nunca havia rezado com tanta veemência antes, e achava que estava dando um verdadeiro espetáculo na frente dos outros participantes da cerimônia, que cantavam hinos e se moviam ao som da música.

De repente, senti a presença de uma espécie de ser ou guia angélico — dévico —, que identifiquei como um dos anjos mencionados na Cabala. Percebi que era um ser ao mesmo tempo muito compassivo e bastante sério. Disse-me que eu não iria morrer naquela noite, e que sofria com a dor, a náusea e o medo para que sentisse mais compaixão pelas pessoas que estavam realmente doentes, ao contrário de hipocondríacos como eu, que freqüentemente se imaginavam enfermos. Disse também que o forte mal-estar físico me faria mais humilde e disposto a ouvir os ensinamentos que o daime tinha a oferecer. Embora o mal-estar físico não desaparecesse totalmente até o final da cerimônia, fiquei mais receptivo a um "curso de instrução" sobre os reinos sutis, que durou até o amanhecer.

A NATUREZA, MESTRA DA HUMILDADE

A própria natureza geralmente nos dá as melhores lições de humildade. Fenômenos naturais como terremotos, erupções vulcânicas, furacões e ciclones, tornados, enchentes e incêndios florestais muitas vezes deixam impressões duradouras naqueles que presenciam tais eventos. As "catástrofes naturais" imprimem em nós a percepção daquilo que é verdadeiramente importante na vida e impõem um respeito permanente pelas forças da natureza.

Lembro-me de assistir a um noticiário na televisão depois de um violento terremoto ter destruído áreas da cidade do México, há muitos anos. Um sobrevivente estava de pé em frente às ruínas de um luxuoso edifício residencial, e aos prantos agradecia a Deus pela vida da mulher e dos filhos, que também haviam se salvado. Embora tivesse perdido todos os bens materiais, percebeu que sua família era muito mais importante que seu apartamento, que os móveis ou o automóvel. A reportagem mostrou também um grande número de atores e cantores famosos (que provavelmente nunca fariam um trabalho braçal em circunstâncias normais) revolvendo os escombros em busca de sobreviventes, servindo café e cuidando dos feridos. A ausência de egocentrismo e de individualismo refletia a essência da verdadeira humildade.

Poucos de nós desejam presenciar um terremoto ou um furacão. No entanto, esforçando-nos conscientemente para estar mais atentos às forças da natureza durante esses eventos, podemos incutir melhor o conceito de humildade nas profundezas do nosso ser.

Uma maneira muito mais agradável de aprender a ser humilde com o mundo natural é apreciar a majestade das obras de arte mais imponentes da natureza. Visitar grandes quedas-d'água, cânions, montanhas, lagos e árvores — especialmente pontos energéticos planetários como o Grande Canyon, Ayers Rock, Stonehenge, Monte Fuji ou as Cataratas Vitória — pode mudar radicalmente o nosso modo de encarar a vida.

DESCOBERTA DOS NOSSOS CONCEITOS ERRÔNEOS

Um aspecto importante da descoberta interior é estar de sobreaviso com relação a nós mesmos. Sentimentos de culpa mal resolvidos podem nos levar a depreciar nossas qualidades positivas, nossos talentos e capacidades, e isso pode nos impedir de usar os erros como degraus para uma nova compreensão. A culpa pode fazer com que não nos sintamos merecedores da comunhão com a natureza e com outras coisas boas da vida, pois não ficamos à altura das imagens idealizadas daqueles que gostaríamos de ser. Mas não é verdade que deixamos de ser confiáveis ou merecedores só porque cometemos erros no passado. Como seres humanos, estamos *evoluindo* rumo a um nível mais elevado de consciência. Cometer erros e reconhecer as próprias falhas fazem parte desse processo.

"Humildade", disse certa feita Dag Hammarskjold, "é algo tão oposto à humilhação quanto à exaltação de si próprio".

> Ser humilde é *não fazer comparações*. Seguro na sua realidade, o eu não é melhor nem pior, maior nem menor, do que qualquer outra coisa do universo. Simplesmente *é* — é nada, mas ao mesmo tempo é uma coisa só com o todo.

Paradoxalmente, algumas pessoas que cultivam a humildade sentem que são especiais ou superiores àquelas que ainda não a descobriram. Para alguns de nós, há também a tentação de se sentir especial pelo fato de comungar com espíritos da natureza. Como outras atitudes derivadas do orgulho e da ilusão de ser especial, muitas vezes essa tentação provém basicamente do desligamento com relação à natureza. Isso dá origem a sentimentos de insegurança e à necessidade de compensação externa. Lembre que muitos que se sentem profundamente ligados à Terra (especialmente xamãs, curandeiros, jardineiros e fazendeiros) não se consideram especiais nem são egoístas com relação a essa ligação. Eles são o que são, e trabalham com humildade e diligência para servir aos homens, animais, vegetais, minerais e comunidades dévicas que os cercam.

PEÇA AJUDA ÀS ÁRVORES

Por desfrutarem naturalmente de uma relação muito forte com os seres humanos, as árvores podem nos ajudar a chegar à verdadeira humildade. Elas não apenas produzem o oxigênio de que necessitamos para sobreviver, mas nos fornecem alimento, abrigo, remédios, proteção e inspiração. Como as árvores, os homens vivem na dimensão vertical. E já que as árvores permanecem num único lugar ao longo de toda a vida, e os homens estão em constante movimento, os dois se complementam perfeitamente. A árvore pode partilhar conosco o que ela aprendeu sobre a estabilidade de estar ligada à terra e viver num único lugar durante toda a vida; enquanto nós podemos dividir com ela, energeticamente, nossa experiência como seres que se movimentam.

Com reverência e respeito, aproxime-se de uma árvore pela qual sinta um carinho especial. Abrace-a e peça com sinceridade — não com a mente, mas com o coração — ajuda para se tornar humilde, ciente de sua ligação primeva com a Mãe Terra, e para

Cipreste, perto de Pont Lobos, Califórnia

enxergar a vida a partir de uma perspectiva correta. Ore pedindo para entrar em contato com o poder de cura, regeneração e sabedoria que está disponível para você. Saiba que essa ligação e comunhão é na verdade um direito inato seu como filho da Mãe Terra. Seja receptivo àquilo que a árvore tem a oferecer: a abundância, a sabedoria, o poder e a vida que ela tem para compartilhar.

À medida que procura renovar e aprofundar esses contatos, os bloqueios à humildade vão aos poucos desaparecendo. O poder da sabedoria vai dissolvê-los. Pois a sabedoria — a verdadeira sabedoria — acaba com a arrogância, com a separação e com o desrespeito. Ao mesmo tempo, conduz cada um de nós, através da autoconsciência, da honestidade e da verdade, até o tesouro oculto da humildade — nossa ligação com toda a vida e com os seres que aguardam ansiosamente para renovar mais uma vez sua relação perdida com os seres humanos.

HUMILDADE, HUMOR E PODER

Senso de humor é algo essencial quando nos propomos a seguir uma disciplina espiritual, e pode ser uma virtude importante quando estamos investigando aspectos mal resolvidos da nossa relação com a natureza. Muitas tribos americanas acreditavam que seriedade e poder excessivos poderiam provocar desequilíbrio, e que isso provavelmente iria afetar de modo adverso tanto o bem-estar da comunidade quanto o ambiente natural circundante. Bobos e palhaços sagrados muitas vezes tomavam parte até dos ritos tribais mais importantes, e numerosas atividades recreativas — incluindo apostas e jogos de argolas e estacas — constituíam elementos básicos da vida comunitária dos indígenas americanos. Os inuits criavam e organizavam festivais de música como se fossem rituais, ainda que muitas vezes incluíssem improvisos, piadas e sátiras. Segundo um provérbio inuit, "Quem sabe brincar pode facilmente superar as adversidades da vida. E quem sabe rir e cantar nunca trama maldades."

Os espíritos da natureza trabalham para a glória da Mãe Terra, e existem para fazer a vontade dela por meio da orientação, da manifestação e da evolução da forma. O componente básico de qualquer pedido que possamos fazer enquanto estivermos trabalhando com espíritos da natureza deve ser — dentro do verdadeiro espírito de humildade — realizar a vontade da Mãe Terra. Caso contrário, estaremos cruzando a fronteira rumo aos domínios da Magia Negra, por meio da manipulação das forças da natureza para nossos objetivos egoístas.

Ao submeter nossa vontade à da Mãe Terra, não nos tornamos fracos, mas poderosos. Aliamo-nos às forças da evolução e do amor. Aprender a agir de acordo com esses instintos mais profundos é verdadeiramente uma demonstração de força.

Descobrir a humildade e praticá-la diariamente pode não ser sempre fácil. Requer atenção e honestidade contínuas com relação a nós mesmos. Enfrentar a ilusão, questionar motivos e intenções, lutar para manter a simplicidade, aceitar as imperfeições, manter o senso de humor e viver na realidade do dia-a-dia são os passos necessários — pequenos mas importantes — para o cultivo da humildade natural em tudo aquilo que empreendemos.

Um último componente da humildade é ter em mente que aprendizado, desenvolvimento, saúde e experiência precisam existir no contexto global de ajudar e servir. Percebemos que cada um de nós é uma célula tanto no corpo da humanidade quanto dentro da Mãe Terra. Essa compreensão nos permite receber com uma mão e partilhar com a outra. Não conservamos aquilo que recebemos para nosso benefício pessoal apenas.

Dividindo com os outros nossas vitórias e batalhas, fortalecemos aqueles que nos cercam e damos a nossa contribuição ao processo de evolução de todos os seres vivos. Admitir esse fato é não somente um ato de verdadeira humildade, mas o reconhecimento da realidade de nossa jornada de vida na Terra.

PARTE TRÊS

DESCOBERTA

7

Preparação

Espalhe sementes saudáveis e escolha seu solo, e o futuro irá recompensá-lo com colheitas inesperadas.

— Cartas dos Mestres da Sabedoria

Quando planejamos uma viagem a outra cidade ou país, geralmente é preciso que nos preparemos cuidadosamente. Nos dias que precedem a viagem, costumamos fazer uma lista dos itens que serão necessários, como roupas, sapatos, artigos de toalete, guias, passaporte e dinheiro. É comum dar uma atenção especial àquilo que podemos precisar para aquela "grande noitada", bem como às coisas que podem ser necessárias numa emergência. Os viajantes mais cuidadosos também estudam o roteiro que pretendem fazer e se certificam de que têm os endereços necessários e as indicações de como chegar ao destino desejado. Finalmente, se o principal objetivo da viagem é visitar um amigo ou parente, pode ser que queiramos levar um presente para o anfitrião. Como no caso de qualquer viagem importante, é necessário um planejamento cuidadoso quando vamos visitar os espíritos da natureza. Os viajantes podem ter três dúvidas importantes a respeito da jornada: Aonde ir? O que vestir? O que levar?

AONDE IR?

Já dissemos antes que cada pessoa sintoniza melhor com determinados locais da natureza. Uma pessoa pode se sentir seduzida por um cenário litorâneo, enquanto outra preferirá ir para as montanhas ou para uma floresta. Segundo a tradição do candomblé na África e no Brasil, cada pessoa tem duas regiões básicas de atração que são as mais apropriadas para entrar em contato com os espíritos da natureza mais compatíveis com a essência da sua alma. Por exemplo, eu sinto uma forte sintonia com montanhas e com locais em que venta muito; qualquer montanha e todos os lugares onde há ventos fortes seriam os melhores destinos se eu quisesse me comunicar com espíritos da natureza ou devas.

Como regra, as formas naturais maiores e mais imponentes contêm a energia dévica mais poderosa. Um local como as Cataratas do Niágara teria muito mais energia dévica do que uma queda-d'água de um metro num parque municipal. Sempre vale a pena visitar os "pontos energéticos do planeta" como o Grande Canyon, o Lago da Cratera ou o Monte Fuji, mas a maioria de nós pode fazer um belo trabalho em muitos lugares menores, menos conhecidos, que sejam de fácil acesso — por exemplo, o parque mais próximo ou mesmo o quintal de casa.

Embora seja verdade que podemos buscar comunicação e comunhão com os devas em qualquer praia, montanha ou rio, muitos de nós sentem atração por um local específico na natureza que pode, de fato, passar completamente despercebido para as outras pessoas. Pode ser, quem sabe, uma árvore especial à qual há muito nos sentimos atraídos, ou um local às margens de um riacho, que sempre despertou em nós um sentimento de paz e de integração. Se esse é o seu caso, então vá a esse lugar. Além de estar num local em que gosta de ficar, provavelmente já estabeleceu uma relação subconsciente com o ser ou seres angélicos que moram nesse lugar ou nas proximidades.

Rio Costa Rica, perto de Guápiles, Costa Rica

Antes de decidir ir a um local específico, sempre é uma boa idéia meditar sobre aquilo que precisa. Por que deseja comungar com um ser da natureza hoje? O que espera alcançar? Pensa em ir a um local mais distante ou prefere ficar perto de casa? Com que tipo de energia você gostaria de entrar em contato? A que tipo de lugar (ou lugares) se sente especialmente atraído? Fazendo essas perguntas antes de começar a viagem, você toma mais consciência de suas necessidades mais profundas e fica mais sensível a uma determinada energia da natureza que vai ajudá-lo ao máximo.

Embora existam espíritos da natureza em todos os lugares do mundo natural, eles são encontrados com mais freqüência em formas físicas que saltam à vista, como cachoeiras, penhascos, cumes de montanhas, vulcões, florestas e lagos. Uma grande forma natural como um lago ou uma montanha será provavelmente o lar de uma grande multidão de espíritos da natureza. Provavelmente, eles têm tamanhos diferentes, emitem energias diferentes e desempenham muitas tarefas diferentes. Se for até o cume de uma montanha, por exemplo, você vai encontrar não só devas da montanha, mas também pode perceber a presença de devas dos ventos, das árvores, das flores e devas ligados a afloramentos rochosos. Alguns devas tendem a se afastar assustados quando vêem seres humanos, mas outros são de fato mais "amigáveis", especialmente quando abordados com um sentimento de admiração e de respeito. Se formos ao mesmo tempo sensíveis ao ambiente e claros na intenção, será mais fácil atrair o tipo de energia dévica que precisamos.

Alguns lugares da natureza têm maior concentração de energia dévica por causa do tamanho, localização ou combinação de diferentes elementos naturais. Se procurar saber quais são esses lugares e perceber as energias que geram, você conseguirá entrar em contato com uma presença dévica mais poderosa.

Rios e Riachos

Regiões em que existe água corrente muitas vezes são locais excelentes para cura, purificação e para resolver conflitos internos. Essa é uma das razões por que os aficcionados da canoagem em corredeiras ou aqueles que apreciam as descidas de rios em bóias se sentem tão revigorados e renovados depois de uma aventura. Os rios são considerados sagrados por muitos povos em todo o mundo, e são a morada de poderosos seres espirituais. Na China antiga, He Bo (Bing-yi) era o soberano divino de todos os rios. Até o final da dinastia Zhou (256 a.C.), uma virgem era sacrificada em honra dele todos os anos. Entre os astecas, Chalchihuitlicue era a deusa das águas correntes e a esposa de Tlaloc, o poderoso deus da chuva. Na tradição do candomblé, as águas doces correntes são o domínio de Oxum, e está associado ao amor romântico, ao casamento e à fertilidade humana. Oxum é também a deusa da prosperidade; crê-se que traz boa sorte àqueles que a veneram.

As corredeiras e quedas d'água são "pontos energéticos" especiais de um rio ou riacho. As companhias elétricas muitas vezes constroem usinas nesses locais de grande fluxo de água, porque aí se pode produzir mais energia. Da mesma forma, a quantidade de energia "sutil" gerada é também maior nesses locais. É possível encontrar pontos energéticos nos locais em que afluentes deságuam na corrente principal, ou onde uma mudança brusca na profundidade do leito altera a velocidade do fluxo da água. Outros locais de energia mais forte são encontrados onde existe uma repentina mudança na direção do fluxo da água, ou em qualquer ponto ao longo do rio ou riacho que esteja próximo de uma importante forma natural, tal como uma grande árvore, rocha ou penhasco. Ilhas fluviais freqüentemente são locais de mais energia; portanto, são bons lugares para curas e para outros trabalhos criativos.

Lagos

Um lago é um destino excelente para quem sai em busca de uma meditação ou contemplação tranqüila. É um lugar em que podemos concentrar nossas energias e nos voltar para as profundezas do nosso ser. A mitologia em todo o mundo considerava os lagos como fontes tanto de formas naturais quanto de energia criativa, e freqüentemente eram lares de deusas e deuses poderosos. Entre os incas e os aimarás, o Lago Titicaca era a morada de Viracocha, o criador de montanhas, das planícies e dos povos. Na região hoje conhecida como México, os primitivos astecas adoravam o Lago Texcoco, então denominado Tonanhueyatl, ou "nossa mãe grande água". Como os lagos estavam intimamente ligados com a fertilidade do solo e das pessoas, faziam-se peregrinações freqüentes às margens do Texcoco e de outros lagos, onde as pessoas ofereciam nefritas, jóias e até sacrifícios de seres

Lago Nahuel Huapí, perto de Bariloche, Argentina

vivos. Na tradição do candomblé, os lagos (bem como os pântanos e os brejos) estão associados ao deva Nanã, a "avó" dos orixás brasileiros que é respeitada pela idade e sabedoria.

Os lagos são essenciais para a saúde espiritual e física do planeta. Depois de meditar às margens do belo lago Nahuel Huapí, perto de Bariloche, Argentina, anotei a seguinte mensagem em meu caderno:

> É de vital importância que as águas da Mãe Terra permaneçam puras, pois são essenciais para toda a vida. E não apenas para a sua vida, mas para toda a vida em todos os níveis da existência. Uma extensão de água limpa como eu é tão vital para a saúde da Mãe Terra quanto o é um copo de água limpa para a sua própria saúde.
>
> Deixe que a verdade da importância de zelar pela Terra o banhe como as minhas ondas banham essa margem. Paulatinamente, deixe que a necessidade de proteger a Terra o invada e se torne

uma parte integrante do seu ser. Abra-se à natureza, e pouco a pouco se estabelecerá um profundo compromisso. Aprenda mais sobre os mistérios da natureza. Aprenda a proteger a natureza. E plante as sementes da sabedoria e da compaixão onde quer que vá.

Saiba que a Terra não será salva por um pequeno grupo seleto. Será salva por um *grande grupo seleto.* Será salva por aqueles dentre vocês que aceitarem a tarefa de zelar pela Terra e de se tornarem líderes espirituais religiosos. A Terra não será salva por prisioneiros, mas sim por homens livres, por gente sensível, pelos que se comprometeram a fazer isso, por aqueles que não têm medo.

Há muitos pontos energéticos dentro e ao redor dos lagos. Como no caso dos rios ou riachos, qualquer lugar onde haja uma mudança súbita de profundidade (uma plataforma de rocha, por exemplo), ou a parte mais profunda do lago, pode ser um ponto de maior energia. Um local na superfície sob a qual passe uma corrente subterrânea que alimente o lago é sempre um local de energia, que muitas vezes pode servir para cura e revitalização. Praticamente, qualquer ponto ao longo das margens do lago (onde a terra encontra a água) é um bom local para encontrar uma energia mais forte; os "promontórios", no entanto, faixas de terra que se lançam para dentro do lago, são especialmente importantes. As ilhas há muito são consideradas sagradas por culturas nativas, parte por serem consideradas como moradas de seres angélicos. Duas ilhas no Lago Titicaca, por exemplo, eram dedicadas ao pai Sol (Inti) e à mãe Lua (Mama Ouilla) pelos incas e pelos aimarás.

Montanhas e Vales

As montanhas estão entre os locais mais sagrados da Terra, e muitas tradições nativas falam de deuses poderosos que habitam os picos. No Tibete, a divindade feminina da montanha é conhecida como a Grande Deusa do Budismo, Dolma Tara. O Monte Kailas (também conhecido como Kang Rinpoche, a Preciosa Jóia da Neve) é dono de uma força espiritual tão grande que é con-

Vulcão Puntiagudo e Lago Todos Los Santos, Chile

siderado pelos tibetanos como o *axis mundi*, ou o centro do mundo. Entre os navajos, as montanhas também são centros energéticos imbuídos de inteligência e de força vital. Segundo Peter Gold, no livro *Navajo and Tibetan Sacred Wisdom*, em um modelo geomântico dos navajos, o universo é delimitado por quatro montanhas sagradas, conhecidas por nós como Monte Taylor, Pico Blanca, Pico San Francisco e Pico Hesperus. No candomblé, diz-se que as montanhas são regidas por Oxalá, o pai dos devas e avô de todos os mortais. Os devas das montanhas estão entre os mais poderosos membros da hierarquia angélica.

Oxalá e seus devas auxiliares podem ser encontrados por toda parte em montanhas e vales. As áreas de maior concentração são os vales mais profundos e os pontos mais altos. Por exemplo, o ponto mais baixo do Vale da Morte, na Califórnia, seria a morada de poderosos seres dévicos, como também o seriam os cumes do

Monte Logan, no Canadá, ou do Monte Kosciuzco, na Austrália. Montanhas de origem vulcânica são locais particularmente repletos de energia dévica, em especial na base da cratera, dentro do próprio vulcão. Isso não quer dizer que também não haja presença dévica ao longo das encostas externas, mas o poder é maior à medida que se aproxima do cume. Vulcões ativos — com sua tremenda atividade geotérmica — são moradas de seres dévicos extremamente poderosos, mas é melhor desfrutar da presença deles a distância!

Num cenário de montanha ou vale, é mais provável encontrar os devas em qualquer fenda incomum, formação rochosa, grande afloramento de rochas, desfiladeiro, depressão ou elevação que tenda a se distinguir do terreno circundante.

Isso é especialmente verdadeiro nos locais em que se encontra uma alteração excepcional na topografia, caso de um penhasco ou desfiladeiro. Dois excelentes exemplos desses locais são os White Cliffs de Dover e o Copper Canyon, no México.

Florestas e Árvores

No Brasil, florestas e matas são território de Oxóssi, um impaciente ser dévico ligado a animais da mata e aos poderes terapêuticos de plantas medicinais. As florestas são lugares especiais de comunicação com espíritos da natureza, especialmente com os relacionados com a evolução das árvores. Quando visitar uma floresta ou parque, fique especialmente atento a qualquer árvore que pareça "diferente": uma com formato incomum para sua espécie, uma árvore de idade avançada, ou de tamanho excepcionalmente grande. Uma árvore encontrada no cume de uma montanha ou num promontório — por exemplo, uma língua de terra que avança a grande altura no mar ou num lago — pode também indicar um lugar de grande energia dévica. Essa árvore tenderá a se destacar das outras devido a sua beleza ou grande energia. Uma aglomeração incomumente densa de árvores mais velhas, ou um grupo de três ou mais árvores plantadas em círculo, triângulo ou quadrado indicam também lugares especiais de elevada energia dévica. No Prospect Park, no Brooklyn, há um arvoredo singular de nove olmos plantados num círculo. Hoje com mais de cinqüenta anos, esse círculo de árvores é um ímã para pessoas que estão em busca de paz, descontração e cura, num ambiente urbano contrastantemente complicado. Muito da inspiração e orientação para este livro veio das entidades dévicas que habitam esse conjunto de árvores.

Por fim, qualquer árvore que se erga perto de um local de adoração, de um santuário ou de um monumento, pode ser uma fonte especial de poder dévico. Da mesma maneira, procure qualquer árvore que a comunidade local ou indígena já tenha considerado sagrada, histórica, uma árvore de desejos, de propriedades terapêuticas ou um santuário vivo. O famoso carvalho do Anjo, perto de Charleston, na Carolina do Sul, a sequóia *redwood* Coronel Armstrong, próximo a Guerneville, Califórnia, ou o gigantesco cipreste mexicano perto de Oaxaca, México, são três importantes exemplos dessas árvores especiais.

O Oceano

O oceano pode ser uma fonte poderosa de cura, de inspiração e de consciência dévica. O oceano é, em essência, a morada original de onde se desenvolveram os seres humanos. Muitos de nós conhecemos os mitos sobre Posseidon, o deus do mar dos gregos, e sobre Netuno, seu correspondente romano. Os chineses consideram o mar como domínio de Yuch'iang, que é também um deus do vento. Os inuits chamam de Sedna a deusa do mar, que é ao mesmo tempo respeitada e temida; acredita-se que somente um xamã consegue suportar a visão da deusa.

Nas tradições do candomblé, da umbanda e da santeria, o oceano é o domínio de Iemanjá (Yemayá), o deva que representa as forças maternais da natureza. Ela é considerada um ser da na-

Oceano Pacífico, San Francisco, Califórnia

tureza sereno e pacífico, mas é também instável emocionalmente, de personalidade forte e índole rancorosa. Os pescadores brasileiros respeitam Iemanjá e freqüentemente lhe dirigem preces antes de enfrentar o mar.

A maioria das pessoas que trabalha com Iemanjá e com seus assistentes o faz na praia, ou perto dela, o que garante maior segurança. Outros podem trabalhar com os devas do mar dentro de barcos, ou mergulhando com cilindros de oxigênio ou simplesmente com tubos de respiração. Os nadadores precisam ser particularmente cuidadosos ao trabalhar com Iemanjá, pois o perigo de afogamento aumenta quando a pessoa está ocupada com questões espirituais.

A energia do oceano é extremamente poderosa. Praticamente todos os locais ao longo da costa são bons lugares para visitar. Entretanto, as forças tendem a ser maiores nos pontos em que um penhasco, desfiladeiro ou escarpa se encontra com o mar, ou na foz de um rio ou riacho. Energias maiores podem ser encontradas em locais onde o fundo do mar sofre uma grande mudança de profundidade, que é o caso de uma plataforma continental, fossa submarina ou cordilheira submersa, talvez por causa da presença de devas das montanhas associados a essas formas geológicas. As entidades dévicas relacionadas a esses locais podem afetar pessoas sensíveis que estejam navegando por perto ou sobrevoando a região.

Ventos

Os locais de ventos fortes estão entre os mais eletrizantes, e freqüentemente são a melhor opção quando precisamos de novas idéias, ou queremos resolver problemas de difícil solução. Varpulis era um poderoso deus do vento entre os eslavos pré-cristãos, enquanto os jukuns da Nigéria veneram um deus do vento conhecido como Awo. Os japoneses primitivos consideravam Take-haya-susa-no-wo-no-mikoto o deus mais terrível, descrito nos mitos como um ser "sempre furioso". No candomblé, ensina-se que Iansã é a deusa dos ventos; ela é ligada a Xangô, o deva do trovão e das tempestades (bem como de cavernas, penhascos e grandes rochedos).

Os devas do vento estão presentes principalmente nos locais onde venta muito e de forma permanente, contínua, como no caso de cânions, cachoeiras, cumes de montanhas ou litoral. Estão também associados a lugares altos em geral, como atestariam alpinistas e pára-quedistas. Caso você more numa grande cidade, pode entrar em contato com os devas num terraço ou na cobertura de um edifício alto. Além disso, ventos ligados a mudanças climáticas radicais (tais como uma tempestade ou um tufão) indicam que a atividade dévica comumente associada ao vento foi intensificada. Se conseguir encontrar um local protegido durante uma tempestade, por exemplo (mas que ao mesmo tempo permita acompanhar de perto o vento e a chuva), você pode tirar proveito de um contato privilegiado com as entidades dévicas relacionadas com poderosas atividades meteorológicas.

Fogo

Uma erupção vulcânica ou um incêndio numa floresta podem proporcionar oportunidades únicas (para não dizer memoráveis) de comunhão com devas poderosos; no entanto, tome cuidado para não se colocar em situações de risco! Os locais mais seguros para comungar com as salamandras (devas associados ao elemento do fogo) são os vulcões (de preferência os semi-ativos que possam ser escalados sem perigo), além de fenômenos termais como gêiseres, fumarolas e fontes minerais de água quente. O mundo é generosamente abençoado com esses lugares especiais, particularmente em áreas de atividade sísmica. Como muitas vezes envolvem processos alquímicos, esses locais geralmente estão ligados a ocorrência de eventos transformadores na psique humana, como o abandono de velhos modelos, o surgimento de novas idéias, a ampliação ou alteração de perspectivas, a passagem por ritos de iniciação e a ativação do processo de cura.

O QUE VESTIR?

Quando comecei a me comunicar com os espíritos da natureza, eu achava que era necessário usar determinadas cores para fazer trabalhos espirituais ou terapêuticos com diferentes entidades naturais. Certo dia perguntei ao deva de uma árvore que cores seriam as mais apropriadas para usar na sua presença. A resposta que recebi me surpreendeu: "A roupa que você deve vestir é a humildade e o respeito." O deva deixou-me a impressão de que nós, seres humanos, damos muita importância às aparências, ao mesmo tempo em que ignoramos o estado da nossa consciência. Como mencionei anteriormente, os devas costumam responder melhor a sentimentos sinceros, que vêm do fundo do coração, e

Vulcão Villarrica, próximo a Pucón, Chile

trabalham conosco a partir desse ponto interior de sintonia. Eles não estão particularmente interessados na nossa aparência ou em como estamos vestidos.

No entanto, diversas tradições metafísicas dão ênfase à cor dos trajes para determinados rituais ou práticas religiosas, e, embora nossa atitude e sentimentos sejam de vital importância na comunhão com espíritos da natureza, o uso de jóias e roupas (de fibras naturais, como algodão, seda ou lã) de cores apropriadas pode ser benéfico nesse trabalho sagrado. Lembre-se que não há regras rígidas com relação a cores; na verdade, cada cultura, cada religião (para não falar das pessoas) atribui significados diferentes à mesma cor. Por exemplo, no Ocidente a cor negra é associada à morte, enquanto na China a cor ligada à morte é o branco.

O *vermelho*, a cor mais vibrante do espectro, desempenhou um papel importante na vida de muitas culturas do passado. Os antigos gregos vestiam mantos vermelhos para simbolizar sacrifício e amor, enquanto os hindus associavam o vermelho ao fogo. Na China antiga, onde a cor vermelha simbolizava inocência, as noivas muitas vezes usavam vestidos vermelhos no dia do casamento. Os hebreus viam o vermelho como a cor que simbolizava tanto o sacrifício quanto o pecado, enquanto os antigos egípcios consideravam o vermelho como símbolo básico do poder. O vermelho é uma cor passional; pelo fato de poder aumentar nosso nível global de energia e estimular o desejo sexual, geralmente é associado ao amor, à paixão e ao romance. Vermelho é físico, masculino e dinâmico. É a cor da impetuosidade, uma cor "yang". Pode ser usada para excitar a paixão, o poder e aumentar a energia. A tradição do candomblé na África e no Brasil ensina que o vermelho é a cor favorita do tempestuoso deva Iansã, a deusa dos ventos e do relâmpago.

O *amarelo*, freqüentemente associado ao Sol, é a cor da alegria, da criatividade, do humor e do pensamento conceitual. Os antigos gregos representavam essa cor como o elemento ar e o consideravam símbolo de Deus e da criação. No candomblé, amarelo é a cor de Oxum, a deusa do amor romântico, do casamento e da fertilidade. No ocultismo, o amarelo é visto como a cor do intelecto e dos poderes do pensamento. Usar roupas amarelas pode fortalecer e desenvolver as estruturas mentais do indivíduo. Vestir amarelo ajuda a inspirar um sentimento de alegria e estimula uma melhor comunicação com os outros.

A cor *verde* sempre foi associada à natureza, à fecundidade e à vida eterna. É a cor da expansão, do crescimento e do otimismo. Nos primeiros tempos do Cristianismo, o verde simbolizava a imortalidade e era muitas vezes a cor dos mantos dos santos. Como é uma cor intimamente associada à terra, era considerada o emblema do saber pelos druidas e por outros povos que tinham a natureza como centro de suas vidas. No ocultismo, a cor verde está estreitamente ligada à cura, à simpatia e à capacidade de adaptação. É provavelmente a melhor cor para se vestir quando se quer salvar um relacionamento ou trabalhar em curas físicas, ou quando se quer promover sentimentos de harmonia, expansão e abundância. É também a cor ideal para vestir quando o objetivo é entrar em contato com devas associados a árvores e a outros vegetais.

O *azul*, depois do vermelho, é a nossa cor favorita. Simboliza a sensibilidade, a receptividade, a sabedoria, o desapego, a aceitação e o ato de compartilhar. O azul muitas vezes adornava o teto dos templos egípcios, e era visto pelos druidas como a cor da harmonia e da verdade. Para os primitivos cristãos, o azul era a cor do respeito a Deus e à religião, enquanto o azul-claro simbolizava paz e prudência. Os ocultistas consideram o azul a cor relacionada com sentimentos de devoção e de misticismo religioso. Representa o lado espiritual e feminino do nosso ser, o lado "yin". Vestir azul pode trazer sentimentos de paz interior, de compaixão e de receptividade. Na tradição do candomblé, o azul-claro é a cor preferida para se trabalhar com os devas da floresta — reino de Oxóssi —, enquanto o azul-escuro é recomendado nos trabalhos com Ogum, o deva ligado aos afloramentos rochosos e aos veios de ferro; diz-se que Nanã, a deusa dos lagos, sintoniza bem com a energia de pessoas que estejam usando um tom de azul esverdeado.

O *roxo* é considerado pelos professores de metafísica como a cor da Era de Aquário, e está associado à devoção espiritual combinada com afeição. Como mistura do masculino (vermelho) e do feminino (azul), essa cor representa a união sexual e também a união mística. Entre os primitivos judeus, o roxo, e seu matiz mais azulado, o violeta, simbolizava esplendor e dignidade, enquanto os primeiros cristãos o associavam ao sofrimento e ao sacrifício. O roxo está também ligado a Urano, o planeta do conhecimento espiritual. Nos dias de hoje, tons de roxo — incluindo violeta e cor de alfazema — são considerados cores "espirituais" que inspiram devoção e sentimentos místicos.

O *branco* é a união de todas as cores, e sempre foi associado à pureza. Diz-se que o branco era a cor do Hórus egípcio, nascido dos princípios masculino e feminino do universo. Judeus e persas antigos consideravam o branco como a cor da alegria, e foi sempre um símbolo de castidade, inocência e pureza entre os cristãos. Dissemos acima que os antigos chineses viam o branco como a cor da morte. Crê-se que é a cor que transcende todas as outras. Quando brilha na aura humana, significa "espírito sincero". É por isso que se recomenda o branco (sozinho, ou em combinação com outras cores) quando se trabalha com espíritos da natureza ou devas. Na verdade, ao trabalhar com o deva Oxalá (o orixá das montanhas) ou com Iemanjá (a deusa dos mares), os pais e mães-de-santo do candomblé recomendam o uso exclusivo do branco.

O dourado, o alaranjado, o marrom e o cinza, formados pela mistura de algumas das cores primárias citadas acima, freqüentemente têm os mesmos significados simbólicos que as cores das quais derivam. Dependendo da combinação, podem aumentar ou diminuir a intensidade de uma cor primária. Crê-se que o alaranjado, por exemplo, intensifica as propriedades mentais do amarelo, embora ao mesmo tempo reduza e intelectualize o poder original do vermelho. Está intimamente associado à coragem, à iluminação, à colheita e à manifestação.

A "cor" *negra* é, na verdade, a ausência de cor e de luz, e está intimamente associada à morte, à destruição, à proteção e ao mistério. Os cristãos primitivos enxergavam o negro como símbolo tanto da morte quanto da regeneração, enquanto os índios americanos acreditavam que a cor negra representa os mundos inferiores. Os astrólogos crêem que o negro está ligado ao planeta Saturno e ao signo zodiacal de Capricórnio, ambos símbolos da iniciação e da realização pessoal. Roupas pretas podem ser bastante intensas e têm a tendência de acentuar nossa natureza inferior ou sombria. Como trataremos num capítulo posterior, a sintonia produzida pelo eu sombrio, não reconhecido e não resolvido, pode trazer dificuldades ao trabalho com habitantes dos reinos sutis. Por essa razão, geralmente *não* é recomendado o uso de roupas pretas quando se busca comungar com espíritos da natureza.

Alguns de nós somos bem conscientes das nossas cores pessoais. Embora costume vestir uma variedade de cores no dia-a-dia, eu percebo que as "minhas" cores quando faço qualquer tipo de trabalho espiritual sério são o azul-marinho e o branco. Sejam quais forem as suas próprias cores, o branco é sempre uma boa opção como parte de seu aparato quando desejar trabalhar com seres dévicos.

A consciência das cores que usamos é um meio adicional de auto-expressão e de comunicação com os devas e com as energias universais de que fazemos parte. Por esse motivo, as cores que vestimos devem sempre ser escolhidas com cuidado, especialmente quando queremos trabalhar com os aspectos sutis da natureza.

O QUE LEVAR?

Algumas pessoas se sentem bem usando jóias ou carregando cristais quando visitam espíritos da natureza. Os cristais não são matéria morta, mas formas vivas bastante densas que vibram numa freqüência particular. Entre os xamãs dos índios americanos, os *cristais de quartzo*, por emitirem certas energias benéficas, costumam ser levados em bolsas de remédios ou usados como jóias. Michael Harner, em *The Way of the Shaman,** explica que o cristal de quartzo é considerado o amuleto mais poderoso entre os xamãs da América Latina à Austrália. Isso, basicamente, pelo fato de ser considerado um auxiliar espiritual, cuja natureza material e espiritual é a mesma. Os wirajeris, da Austrália, crêem que os cristais de quartzo possibilitam ao xamã atingir níveis elevados

* *O Caminho do Xamã*, publicado pela Editora Cultrix, São Paulo, 1989.

de clarividência. Como objetos sagrados, os cristais merecem nosso cuidado e respeito.

Os cristais podem ser carregados na mão ou usados como anéis, pingentes ou brincos; quando usados como parte de qualquer ritual sagrado, é sempre bom purificar o cristal das energias que se agregaram a ele durante os processos de extração, lapidação, transporte e venda. A maneira mais fácil de fazer isso é mergulhar o cristal numa solução de água com sal e deixá-lo exposto ao Sol por sete dias. Depois de enxaguá-lo com água doce, você pode fazer uma prece sobre o cristal ou declarar de que forma gostaria de usá-lo: "Oro para que este cristal me mantenha ligado à terra e com um propósito puro." Acredita-se que "programando" o cristal ele se torna mais poderoso.

Diz-se que o quartzo transparente nos ajuda a entrar em contato com níveis mais elevados e/ou profundos da consciência, enquanto a ametista (quartzo roxo) tem a fama de acalmar a mente para ajudar a transformar e a transmutar energia. O citrino (quartzo amarelo) muitas vezes é usado para auxiliar nossa natureza intuitiva e ajudar a nos proteger de energias psíquicas negativas. O quartzo rosa é usado para ajudar a abrir o coração e a acalmar as emoções, enquanto o quartzo fumê é bom para estreitar a ligação com a terra e para desanuviar a mente. Com muita freqüência, as pessoas usam combinações dessas pedras. O estudo dos cristais (e de como trabalhar com eles) é fascinante, e há muitos livros excelentes para aqueles que querem aprender mais sobre esse mistério.

Se quiser levar artigos religiosos — crucifixos, imagens religiosas e outros objetos sagrados — você deve fazê-lo. Eles existem para ajudar a elevar a consciência e permitir que aprimoremos nossas energias. Podem também inspirar um sentimento de proteção, de ligação com a terra.

Não é necessário fazer oferendas materiais aos devas. Como seres sutis, os devas atentam mais na energia que trazemos a eles do que somente numa oferenda concreta. Respeito, amor, admiração e estima são considerados as melhores dádivas que um ser humano pode oferecer a um deva, e são muito apreciados por eles. Porém, qualquer oferenda material, quando dada de coração, também é apreciada. (A questão das oferendas será tratada com mais detalhes no próximo capítulo.)

Ao trabalhar com um espírito da natureza numa região remota, é sempre bom levar alguns apetrechos úteis, como um kit de primeiros socorros, lanterna, bússola, repelente de insetos, filtro solar e canivete. Leve água e alimentos adequados se planeja ficar por um período maior do que algumas horas. Como sou escritor, sempre levo comigo algumas canetas e um caderno de anotações quando vou comungar com os devas, já que muitas vezes recebo orientação e inspiração por meio da escrita. Outras pessoas podem querer levar um livro de textos sagrados, como uma Bíblia ou um livro de orações. Um artista pode levar um bloco de rascunho e lápis, tintas ou giz, enquanto uma pessoa que aprecia música talvez prefira levar um instrumento em sua visita aos devas.

Acima de tudo, leve consigo, na sua jornada, um sentimento de receptividade e de admiração, e procure estar aberto a qualquer eventualidade. A experiência de comungar com membros do reino angélico é ao mesmo tempo uma aventura e um privilégio. Para muitas pessoas, pode ser uma das mais íntimas e gratificantes experiências que terão na vida.

8

Invocação

O ideal da fraternidade é reunir anjos e homens, dois ramos da infinita família de Deus, em íntima cooperação.

Geoffrey Hodson, A Fraternidade de Anjos e de Homens

Mencionamos anteriormente que entrar no domínio dos devas não é diferente de visitar um país estrangeiro pela primeira vez. É possível que já tenhamos visitado muitas vezes a mesma floresta, arvoredo ou cachoeira física; porém agora estamos fazendo essa visita com uma consciência elevada das realidades mais profundas e sutis que habitam esse local em particular. Há uma sensação de novidade e um entusiasmo que resultam dessa mudança no seu ponto de vista. Neste capítulo, vamos falar sobre alguns instrumentos que podem ajudar a invocar as energias dos espíritos da natureza e a desenvolver dentro de nós um sentimento de abertura que nos permita ser mais receptivos a eles.

LIMPEZA E SINTONIZAÇÃO

Antes de sair de casa para visitar o domínio dos seres da natureza, tome um banho para purificar o seu corpo físico e o seu campo energético. Enquanto toma banho, visualize todo o seu ser sendo limpo pela água corrente. Outra boa idéia é "se defumar", envolvendo seu corpo numa fumaça sagrada para assim limpar seu campo energético (um ritual praticado há muito tempo por grupos tão diferentes como a Igreja Católica Romana e muitas comunidades nativas dos Estados Unidos). A salva (uma erva encontrada em lojas de artigos esotéricos e em supermercados), pura ou em combinação com a glicéria, agulhas de pinheiro ou lascas de cedro, é bastante usada para a defumação. Ponha um pouco de salva numa bacia e ateie fogo, adicionando em seguida pequenas quantidades dos outros ingredientes de sua escolha. Se quiser, faça também uma oração enquanto põe fogo na salva. Quando a fumaça começar a subir, abane-a com as mãos ou use uma pena para fazê-la envolver sua cabeça, rosto, braços, peito, costas, pernas e pés. Se tiver alguém com você peça para defumá-lo desse modo.

Você também pode usar um incenso industrializado na defumação. Cada tipo de incenso favorece determinadas qualidades espirituais, portanto faça sua opção com base no tipo de trabalho que quer realizar com os devas.

O *sândalo* estimula a intuição e desperta o desejo de comungar com os reinos superiores da existência.

O *olíbano* inspira gratidão espiritual e ajuda a elevar os pensamentos e as emoções.

O *almíscar* estimula instintos primitivos e possibilita entrar em contato mais íntimo com o eu natural.

O *patchuli* desperta o desejo de transformação.

O *lótus* inspira o desejo de meditar e desenvolve confiança e receptividade.

A *lavanda* estimula o equilíbrio entre yin e yang e ajuda a acalmar as emoções.

Embora sejam fáceis de encontrar, os incensos industrializados geralmente são manuseados por um grande número de pessoas, desde a coleta da erva, a fabricação do incenso, a embalagem e o transporte, até a comercialização. Freqüentemente essas pessoas deixam no incenso traços de sua energia, conforme aquilo que estão sentindo e pensando no momento do manuseio. Por essa razão, é uma boa idéia "desmagnetizar" o incenso antes de usá-lo para fins sagrados, como auxiliar a meditação ou purificar seu campo energético, por exemplo.

Um modo simples e eficaz de desmagnetizar uma vareta de incenso é fazer um círculo juntando o polegar e o dedo indicador. Isso cria um campo de energia concentrada entre esses dois dedos. Segurando a vareta de incenso com a outra mão, mova-a lentamente através do círculo. Fazendo isso, você "imprime" sua energia no incenso. Se quiser, também pode fazer uma prece enquanto acende a vareta de incenso.

Se quiser, você também pode acender uma vela branca nova, deixando-a em casa durante sua ausência, antes de sair em busca de comunhão com espíritos da natureza. Ao acender a vela, faça uma oração ao Criador e aos seus guias espirituais, pedindo proteção e apoio. Tenha o cuidado de deixar a vela queimando num lugar seguro enquanto estiver fora, para que ainda tenha uma casa quando voltar!

MEDITAÇÃO

Antes de entrar no reino dos espíritos da natureza, geralmente se recomenda um período de sintonização. O ideal é procurar entrar em sintonia antes de sair de casa e, se quiser, também depois de entrar no espaço sagrado dos devas. Essa sintonização pode ser feita por meio de uma meditação ou oração, na qual você procura harmonizar os pensamentos e emoções com sua essência mais profunda, ou "âmago". O método a seguir é apenas uma das muitas maneiras de fazer isso, e pode facilmente ser alterado de acordo com suas necessidades e metas pessoais:

1. Encontre um local confortável em que possa ficar tranqüilo e sozinho.
2. Escolha uma posição confortável: talvez sentado numa cadeira ou de pernas cruzadas sobre uma almofada ou tapete. Se estiver ao ar livre, pode se recostar numa árvore ou se deitar no chão.
3. Se preferir meditar com os olhos abertos, fixe o olhar em algo simples como uma vela, uma flor, um símbolo religioso, ou qualquer objeto bonito. Isso vai evitar que sua mente vagueie. Se mantiver os olhos fechados, tente visualizar um campo de luz branca.
4. Comece a respirar lenta e profundamente, concentrando-se na respiração à medida que o ar entra e sai do corpo. Cada vez que a mente se distrair com outras idéias ou for perturbada por ruídos externos, dirija suavemente a atenção de volta ao ritmo sereno e natural da sua respiração. Se tiver dificuldade para manter a mente concentrada na respiração, conte até dez a cada respiração, e depois recomece.
5. Enquanto seu corpo relaxa, diversas sensações podem surgir e desaparecer. Essas sensações não devem ser reprimidas; o próprio ato de observá-las com serenidade pode fazer que se desvaneçam aos poucos.
6. Gradualmente, intua e depois visualize o conceito de unicidade com todos os seres. Expresse em voz alta ou mentalmente seu desejo de sentir a realidade da unidade como parte integrante da sua vida hoje: "Faço esta oração para que eu possa perceber hoje a minha unidade com a natureza." Repita essa visualização lentamente por várias vezes. Você também pode mencionar outros desejos ou anseios que queira integrar na sua vida durante o dia. Esse processo é o mesmo que "mandar uma carta de intenções ao universo".
7. Depois de ter expressado sua visualização mais importante, relaxe e procure ser receptivo mais uma vez. Mantenha a respiração relaxada, profunda, por pelo menos três minutos, e sinta a sensação de unicidade brotando dentro do seu corpo, perto do coração. Sinta-o fluindo pela sala, pelos arredores, pelo mundo inteiro. Encerre a meditação paulatinamente e em silêncio.

A ENTRADA NO REINO DÉVICO

Agora você está próximo do local na natureza que deseja visitar. Por alguns minutos procure entrar em contato consigo mesmo. Pense especialmente em qualquer necessidade pessoal que tenha neste momento da sua vida. Enumere essas necessidades mentalmente ou em voz alta. Isso criará imediatamente uma sintonia à qual um ou mais devas podem responder, e vai fazê-lo entrar em contato com o ser da natureza mais apropriado para você no momento.

Tendo isso em mente, aproxime-se do reino dos devas com uma atitude de respeito. Você deve agir como se entrasse pela primeira vez na casa de uma pessoa, pois está *realmente* entrando na casa de alguém. A maioria das pessoas entra no reino dos devas em respeitoso silêncio, enquanto outras podem sussurrar, cantar ou assobiar baixinho enquanto caminham. Em geral, os devas gostam de música, mas costumam ter aversão a sons altos, como gritos, música desagradável e barulhos produzidos por armas, motocicletas e máquinas. Manter um silêncio respeitoso é geralmente a melhor opção, especialmente na primeira visita.

Ao se aproximar do território de um espírito da natureza, você pode sentir a energia dele a vários metros, ou até a uma distância maior. Peça permissão antes de entrar no campo de energia do deva. Se não se sentir bem-vindo, é melhor ir a outro lugar. (Não encare isso como algo pessoal contra você. O deva provavelmente tem outro trabalho a fazer e pode não estar interessado em se encontrar com um ser humano na ocasião.) Porém, quando perceber que é bem-vindo (e geralmente é isso o que acontece, se tiver feito o trabalho de preparação descrito acima), sinta-se grato por estar nesse local no momento.

À medida que entra no reino dos devas, abra-se a todas as possibilidades que podem surgir. Quando estão prestes a trabalhar com os seres da natureza, algumas pessoas costumam alimentar imagens mentais preconcebidas daquilo que gostariam que acontecesse, ou daquilo que pensam que vai acontecer, levando em conta o tempo que elas têm disponível; em outras palavras, querem ter controle mental sobre a experiência. Se está consciente de que você tem essa necessidade de controlar, esforce-se para entrar em sintonia e se ligar à terra novamente, e declare algo como: "Por favor, faça com que eu receba o que preciso neste momento." Ou (dirigindo-se aos devas): "Eu quero dar-lhes o melhor de mim."

OFERENDAS

Pode-se fazer uma oferenda antes ou depois do ato de comunhão com o deva. Dissemos no último capítulo que as oferendas não são um *requisito* para o trabalho com seres da natureza, já que eles são mais sensíveis à energia que irradiamos ao nos aproximarmos deles. Muitos povos indígenas, no entanto, usam há muito tempo o tabaco sagrado, por exemplo, como oferenda em cerimônias religiosas (também para presentear outras pessoas). Essa oferenda é uma homenagem e também uma expressão, tanto física quanto espiritual, de respeito e de gratidão. O melhor é usar tabaco que contenha um mínimo de aditivos químicos. Esse tipo de tabaco pode ser encontrado nos Estados Unidos em casas de artigos indígenas e em algumas lojas e livrarias esotéricas. Se desejar, espalhe respeitosamente o tabaco pela área ou lance-o cuidadosamente num riacho ou ao redor de uma árvore. Se estiver num lugar em que venta muito, simplesmente abra a mão e deixe o vento levá-lo.

Pétalas de flores ou pequenos objetos pessoais, como moedas, jóias, peças de metal e cristais, alimentos ou retalhos de tecido colorido são sempre apreciados por espíritos da natureza quando oferecidos com sinceridade. Certas tradições religiosas, como o candomblé ou a santeria, exigem tipos bem específicos de oferendas, preparadas de maneiras especiais. Pode ser necessário o uso de velas de uma certa cor ou a oferta de tipos especiais de comida em vasilhas de uma cor preestabelecida, ou em toalhas ou panos da cor predileta de um determinado ser da natureza.

Por exemplo, uma oferenda tradicional do candomblé para Iemanjá, o orixá do oceano, inclui flores brancas (geralmente rosas), velas brancas e perfume feminino. Uma das variações requer ir à praia e cavar um buraco na areia, onde se colocam oferendas de velas e flores. Também é possível fazer a oferenda simplesmente entrando no mar com um buquê de flores brancas. Comece a fazer seu pedido a Iemanjá logo que entrar na água, e conte o número de ondas que passam por você. Depois da sétima onda, atire as flores na espuma (ou todas juntas ou uma a uma), para que Iemanjá as receba.

Aqueles que desejam comungar com Oxóssi, o orixá das matas, florestas e pomares, podem preparar oferendas de fatias de coco e frutas verdes e vermelhas, como maçãs, pêras, abacates e mamões. Tudo isso deve ser colocado numa tigela branca, sobre um pano branco ou azul-claro, reservado especialmente para esse fim. Recomenda-se também o uso de milho vermelho cozido (se for possível) e ainda de flores brancas e azul-claras, além de velas brancas ou azuis — que devem ser postas em suportes brancos ou transparentes. As flores devem ser colocadas num vaso branco ou transparente, ou podem simplesmente ser arrumadas em volta da tigela de frutas.

Na cerimônia em homenagem a Oxóssi, a oferenda é geralmente apresentada antes da comunhão com o deva. No caso de Iemanjá, porém, a oferenda pode ser feita durante a comunhão com o espírito da natureza. Você saberá intuitivamente qual o melhor momento para apresentar sua oferenda pessoal. Tenha muito cuidado caso decida incluir velas nas oferendas — o que o autor deste livro não recomenda se houver alguma possibilidade de provocar um incêndio.

Alguns locais — especialmente os que são freqüentemente visitados por outros seres humanos — podem estar cobertos de

Oferenda a Oxalá, que inclui milho cozido, flores e velas brancas colocadas sobre uma toalha branca.

lixo como latas, papel, restos de comida, etc. Reservar alguns minutos para limpar a área, ou então se mobilizar para proteger o espaço físico que se encontra dentro do campo de energia do deva que vai nos prestar auxílio, é uma expressão básica de interesse e de respeito. Esse tipo de oferenda pode ser mais importante do que qualquer outra. Por ser algo bastante apreciado pelos espíritos da natureza, isso ajuda a estabelecer um elo de terna amizade. Quando demonstramos zelo e interesse, elevamos nosso nível de consciência. O contato com os devas, conseqüentemente, acaba sendo facilitado.

INVOCAÇÕES

É possível invocar um espírito da natureza de várias maneiras; porém, quando estiver no reino dos devas, a primeira coisa que você deve fazer é estreitar sua ligação com a terra. Você pode ficar de pé ou sentar, entrando em contato com a Terra para se harmonizar e ficar atento e sereno. Algumas pessoas preferem fechar os olhos, respirar fundo e sentar silenciosamente numa postura de meditação, prontas para captar qualquer comunicação que possa ocorrer. Outras preferem rezar, entoar cânticos ou pedir um determinado tipo de ajuda.

Ao penetrar no reino dos devas, entre em contato com seus próprios sentimentos. Não insista em usar uma abordagem mental predeterminada em seu relacionamento com a natureza. Enquanto escrevia perto de uma árvore no Jardim Botânico Lankester, na Costa Rica, registrei diretamente a opinião dos devas sobre essa questão:

> A ligação emocional que a pessoa sente com relação à natureza é extremamente importante. A emoção é um dos componentes primários de seu todo como ser humano. Serve tanto como motivador quanto como "ponte" que o impulsiona e transporta rumo a novas

esferas de conhecimento, novos níveis de consciência e novos níveis de existência.

Pedimos que vocês não deixem de lado as emoções quando se relacionarem com a natureza. Não queremos que abandonem esse aspecto da sua relação conosco. A ligação emocional é vital. Devas e homens estão ligados mais profundamente do que vocês pensam, e essa relação remonta a tempos imemoriais. O elo original entre vocês, seres humanos, e nós, devas das árvores, é antigo e duradouro. Somente agora está sendo redescoberto, à medida que começam a perceber o quanto se afastaram de nós. Portanto, quando se sentirem inclinados a se comunicar com uma árvore, não será algo muito diferente do que rever uma pessoa querida depois de uma longa separação. Vocês sentem o anseio e a alegria de estabelecer a ligação conosco novamente. Portanto, sintam essa ligação. Experimentem essa alegria!

Geoffrey Hodson sugeriu uma invocação simples para a comunhão com o deva associado a uma árvore. A oração deve ser pronunciada com total consciência do seu significado: "Saudações, bela árvore. Nossa [minha] vida e a sua são uma só." Presume-se que esse tipo de invocação possa ser usado para invocar qualquer contato dévico. Outras orações e saudações apropriadas são: "Venho até você imbuído de um espírito de unicidade"; "A essência do meu amor sintoniza com a sua"; ou "Nós dois somos um com o Grande Espírito". Você também pode pedir que aquilo que está prestes a receber o auxilie no processo de cura, seja na cura de algum problema pessoal ou num processo de reatamento entre você e a natureza.

Em sua obra clássica, *A Fraternidade de Anjos e de Homens*, Hodson nos faz conhecer uma invocação especial para ser usada no plantio de verduras, flores ou árvores:

Salve, devas da terra e do céu!
Venham em nosso auxílio.
Tragam fertilidade aos nossos campos,
Concedam vida a nossas sementes,
Que essa terra se torne fecunda.
Salve devas da terra e do céu!
Venham em nosso auxílio;
Partilhem conosco dos trabalhos do nosso mundo
Que a divindade interior possa ser libertada.

Você também pode fazer preces que já conheça, como o Pai-nosso, a Ave-maria ou o Gayatri, um hino sânscrito usado na liturgia hindu. Orações de louvor ao Grande Espírito ou à Presença Universal são especialmente úteis na invocação da energia dévica. Os místicos sufis nos oferecem uma oração de louvor particularmente bela:

> A escuridão da noite e a claridade do dia, os raios do Sol e a luz da Lua, o murmúrio das águas e o sussurro das folhas, as estrelas do céu e o pó da terra, as pedras das montanhas, as areias do deserto e as ondas do mar, os animais da água e da terra louvam a Ti.

No Brasil, devotos cantam hinos de afirmação a diferentes orixás para invocar um contato intuitivo com eles e com seus ajudantes. Abaixo transcrevemos um hino especial a Oxalá, o deus das montanhas:

Oxalá, meu pai,
Tem pena de nós, tem dó...
A volta da terra é grande
E teu poder ainda é maior...

Enquanto estiver sentado meditando, você pode, se quiser, entoar um dos mantras (sons sagrados) de louvor — tais como "Om", "Om Namah Shivaya", "Baroch Ha Shem" ou "Insh' Allah" — que são usados nas grandes religiões da humanidade. Quando entoados com atenção e respeito, esses mantras nos fazem atrair energias que sintonizam com o nosso eu superior; portanto, eles podem nos abençoar profundamente.

As invocações abertas mostradas aqui não oferecem nenhum tipo de risco, pois estão baseadas no amor e no respeito. Elas partem do coração e do espírito, e não fazem pedidos específicos. Depois de invocar o ser da natureza adequado, teremos tempo de fazer as perguntas que quisermos.

Como os seres da natureza têm uma hierarquia, é muito provável que atraiamos um elemental ou espírito da natureza cuja energia esteja em sintonia com a nossa. Invocar todo o poder de um deva da montanha, por exemplo, poderia nos fazer entrar em contato com um nível muito alto de energia, que talvez fosse excessiva para recebermos de uma só vez. Assim como o uso de um estabilizador evita que computadores e outros aparelhos sejam danificados por picos repentinos de eletricidade, trabalhar com devas menores é uma forma de garantir que o contato com os reinos dévicos não nos seja esmagador. Como estão ligados diretamente aos devas maiores, esses espíritos da natureza menos poderosos "reduzem" a energia e a sabedoria superiores, tornando-as mais fáceis de assimilar.

Algumas pessoas entoam mantras que só servem para invocar devas ligados a um dos elementos: o fogo, a água, o ar e a terra. Muitos desses mantras são mantidos em segredo por xamãs, sacerdotes e curandeiros, pois podem invocar uma energia muito poderosa. Como um grande fluxo de energia passando por uma placa de circuitos sobrecarregada, uma alta concentração de energia dévica nas mãos de uma pessoa despreparada pode se tornar muito perigosa.

Em vez de atrair a energia dévica por meio do amor e do respeito, os mantras muitas vezes invocam essa energia usando uma abordagem mais mental. A não ser que tenhamos atingido um alto nível de integração pessoal entre as nossas naturezas física, emocional, mental e espiritual, a invocação por meio de mantras pode atrair um poder maior do que aquele com que temos capacidade de lidar. Em *Letters on Occult Meditation*,* Alice Bailey trata dos perigos da invocação dos devas por meio de determinados mantras.

> Como podemos imaginar, o ato de invocar devas ou elementais só pode ser empreendido com segurança por alguém que saiba usar esses seres com sabedoria; por isso os mantras enumerados acima são confiados apenas às pessoas que estão do lado das forças construtivas do sistema, ou que podem controlar de modo construtivo os elementos destrutivos, subjugando-os e alinhando-os com as forças desintegradoras que fazem parte do grande esquema construtivo. Qualquer pessoa — sem essa capacidade — que consiga contato com os devas, e que pelo uso dos mantras os atraia para si, descobriria que a força que esses seres carregam iria descer sobre ela de forma destrutiva, podendo trazer grandes conseqüências.

A POSSIBILIDADE DE ATRAIR NEGATIVIDADE

Ainda sobre o assunto da invocação de energias dévicas, é preciso dizer mais algumas palavras de precaução a respeito do trabalho com grandes quantidades de energia e da atração de forças sutis que venham para nosso bem. Já dissemos que, assim como acontece no plano físico, os planos sutis da existência são habitados por uma ampla variedade de formas de vida. Algumas se encontram em estágios mais elevados de evolução do que outras, com níveis variáveis de consciência e de integração. Como no caso de alguns seres humanos, certos habitantes dos planos

* *Cartas sobre Meditação Ocultista*, publicado pela Editora Pensamento, São Paulo, 1984.

sutis podem tentar disfarçar sua verdadeira natureza, com o objetivo de nos usar para seus próprios fins.

Nos planos sutis, assim como em outros níveis da existência, "semelhante atrai semelhante". Isso significa que muitas vezes sintonizamos com energias semelhantes a nós nos planos sutis e as atraímos. Se não tivermos reconhecido, aceitado e integrado os aspectos divergentes ou "sombrios" da nossa natureza, corremos o perigo de atrair energias negativas em nosso trabalho com os devas. O amor pelo poder (especialmente pelo poder psíquico), o orgulho e o isolamento são três dos problemas mais comuns com que se depara a humanidade, e são seguidos de perto pela falta de auto-estima, pelo sentimento de que se é indigno, por questões sexuais mal resolvidas e velhas feridas ainda não cicatrizadas.

Quando nos dedicamos a práticas espirituais, freqüentemente nos abrimos a energias que se infundem em todo o nosso ser, incluindo aquelas áreas divergentes ou renegadas. Quando não é mais possível reprimir a negatividade, ela pode se tornar destrutiva. Na medida em que ignoramos, negamos ou evitamos o nosso lado "sombrio", aumentamos o risco que a invocação do poder dos devas pode representar.

Ao reconhecer e acolher nossas energias divergentes no "seio da família", por assim dizer, podemos transformá-las em seus componentes positivos. Além disso, a energia despendida na negação e na supressão da energia discordante é liberada e fica disponível para atividades mais produtivas. Ao mesmo tempo, o conhecimento de nós mesmos que adquirimos ajuda a nos proteger da negatividade.

Os capítulos anteriores deste livro foram planejados para ajudá-lo a desenvolver a consciência de si mesmo, a compaixão e a humildade. Se seguirmos um caminho espiritual com base nessas virtudes, *naturalmente iremos sintonizar e atrair energias semelhantes nos reinos sutis da existência*. Em conseqüência, conseguiremos au-

O barco "Maid of the Mist" aproximando-se das Cataratas do Niágara

xílio e apoio quando invocarmos energias dévicas. O amor e o respeito que irradiamos na atmosfera é a melhor proteção contra energias negativas.

Caso você atraia uma energia ou um ser espiritual com o qual não se sinta bem, o que é bem improvável, pergunte a si mesmo por que está atraindo essa força. Nesses casos, essa energia supostamente "negativa" serve, na verdade, para ajudá-lo a reconhecer um aspecto de si mesmo que você se recusa a aceitar. Sempre que encontrar esse tipo de ser ou energia dos reinos dévicos, é preciso que siga a sua própria intuição para descobrir qual é a intenção desse ser ou energia. Se tiver alguma dúvida, fale do fundo do coração: "Se você vem em nome de Deus, é bem-vindo. Caso contrário, por favor, vá embora." Depois de proferir essas palavras, você deve fazer uma oração ao Grande Espírito ou aos seus espíritos protetores, pedindo amparo e lucidez.

Essas palavras de advertência não têm o objetivo de assustá-lo, ou de evitar que você faça contato com espíritos da natureza. Porém, ao decidir trabalhar nos reinos sutis da existência, você estará adentrando um mundo pouco conhecido, com domínios, habitantes e forças próprias. Tomando as precauções necessárias e entrando nesse mundo com benevolência e respeito, sua jornada se desenvolverá com naturalidade e segurança, de acordo com a sua orientação interior. Você seguirá o seu itinerário espiritual e criará uma aventura só sua igual a nenhuma outra.

VISITA AOS PONTOS ENERGÉTICOS DO PLANETA

Embora as técnicas apresentadas anteriormente possam facilitar a invocação de espíritos da natureza num nível íntimo, visitar pontos energéticos do planeta, enquanto empreende sua busca espiritual, é algo que nos lança desafios singulares e oportunidades inesquecíveis.

Como esses locais muitas vezes são pontos de atração turística, uma pessoa que faça uma peregrinação sagrada a um lugar como as Cataratas do Niágara ou o Grand Canyon certamente terá de enfrentar multidões de turistas, grupos de crianças barulhentas e fotógrafos se acotovelando para pegar o melhor ângulo da cachoeira, cânion ou vulcão. Embora cada ponto energético planetário apresente uma situação distinta, as seguintes dicas para a invocação podem ser úteis:

1. Procure fazer a visita sozinho ou com pessoas que compreendam sua intenção solene (e, melhor ainda, que partilhem do desejo de comungar com os devas). Enquanto a maioria dos turistas costuma fazer visitas apressadas, você deve reservar um tempo considerável para sentir inteiramente o local. Conscientize-se de que está numa criação especialmente sagrada e poderosa da Mãe Terra, que é digna de todo o seu tempo!

Por essa razão, tente ficar ao menos alguns dias perto do local. Assim, além de poder visitá-lo várias vezes e permanecer mais tempo ali, você terá tempo de explorar com mais calma os arredores, longe das multidões. Num ponto energético especialmente amplo como as Cataratas do Iguaçu, muitas trilhas afastadas das quedas principais permitem que o visitante explore extensamente a região e sinta muitos tipos de energia dévica. Perto das Cataratas do Niágara, você pode fazer uma visita íntima ao trecho do rio Niágara que antecede as quedas. Há também trilhas com acesso seguro a recantos às margens das corredeiras próximas ao redemoinho, à distância de cerca de um quilômetro e meio rio abaixo. Aproveite aquilo que a natureza nos proporciona!

2. Embora possa ser impossível defumar o seu corpo num quarto de hotel ou deixar ali uma vela acesa ao sair, tome um banho e faça sua meditação antes de iniciar a aventura. Durante a meditação, peça ao principal deva do ponto energético que o deixe comungar com a energia dele. Procure manter um estado sereno e meditativo ao entrar no reino dos devas, ainda que esteja no meio de uma multidão de turistas.
3. Se quer visitar um ponto energético do planeta, lembre que estará entrando em contato com muitos tipos diferentes de espíritos da natureza. Num local como as Cataratas Ángel (a maior queda-d'água do mundo), na Venezuela, estão reunidos devas ligados à montanha, ao rio, às próprias quedas, aos penhascos e aos ventos. Procure não limitar sua perspectiva invocando somente um tipo de deva, mesmo que este seja o mais óbvio. Abra-se a todos eles!
4. Muitas pessoas sensíveis a espíritos da natureza também são sensíveis às energias das outras pessoas. Por essa razão, elas geralmente procuram evitar multidões. Porém, ao visitar um ponto energético do planeta, é provável que lá se encontre também um grande número de seres humanos. Se for esse o caso, tente deixar que as outras pessoas presentes o afetem somente de uma forma positiva. Embora, a princípio, possa encará-los apenas como "turistas", lembre que cada uma dessas pessoas provavelmente gastou muito tempo, energia e dinheiro para

visitar o lugar, e preferiram estar ali em vez de ir a um museu ou parque de diversões.

Ainda que possam não perceber este fato num nível intelectual, muitas pessoas são profundamente tocadas quando estão na presença de uma energia dévica poderosa. Aceite as diversidades que encontrar entre seus companheiros de passeio, e partilhe os mesmos sentimentos de assombro, admiração, alegria e animação que os outros. Lembre que a sua ligação energética com o poder dévico pode aumentar a de seu semelhante também, ainda que isso não se dê num nível consciente.

5. Aproveite todas as possibilidades de entrar em contato íntimo com os devas, ainda que o lugar em que você esteja pareça uma atração turística puramente comercial. Nas Cataratas do Niágara, por exemplo, os populares passeios no barco Maid of the Mist e à Caverna dos Ventos o levam bem ao pé das quedas. Além de ficar totalmente mergulhado nos ventos e no borrifo das águas, nesses passeios você também poderá sentir a mais forte concentração de poder dévico.

   Como a energia dévica freqüentemente se estende num raio de dezenas de metros na atmosfera, os passeios de helicóptero são também um meio muito interessante de entrar em contato com ela. Pousar no cume do Monte Cook, na Nova Zelândia, ou sobrevoar o Grand Canyon, as Cataratas do Iguaçu ou o vulcão Mauna Loa não são apenas excursões emocionantes e inesquecíveis, mas podem também tornar-se intensas experiências espirituais.

6. Se visitar um ponto energético do planeta durante a baixa temporada, provavelmente encontrará menos turistas. Se não for possível viajar nesse período do ano, você pode fazer o passeio em horas de pouco movimento, geralmente de manhã ou tarde da noite. Uma de minhas experiências mais memoráveis no Niágara foi chegar às Cataratas do lado canadense logo após a meia-noite, durante uma tempestade de neve. Como era o único ser humano ali, pude sentir a energia das quedas de uma forma extremamente poderosa.

7. Lembre que não é preciso estar próximo ao ponto energético para entrar em contato com sua energia. Como muitos desses

locais se tornaram pontos turísticos, muitas vezes estão cercados de parques e de jardins, que também são habitados por devas e por espíritos da natureza. Por exemplo, se fosse visitar o Grand Canyon, encontraria nas proximidades muitos lugares tranqüilos para praticar meditação ou outros tipos de trabalho espiritual. Depois de ter feito o contato inicial com os devas do ponto energético principal, você pode manter esse contato conscientemente mesmo que se afaste algumas centenas de metros.

9

Comunhão

Amplie de tal forma os domínios do seu coração
que ninguém fique excluído.
— *N. Sri Ram, Thoughts for Aspirants*

Comungar com os membros do reino dévico — partilhar pensamentos ou sentimentos com outra forma de vida — não significa meramente receber, mas também participar ativamente numa relação dinâmica.

Essa relação pode assumir diversas formas. Ela não se baseia somente na "química" que existe entre nós e o ser da natureza, mas em nossos sentimentos e necessidades pessoais no momento da comunhão. Por exemplo, já comentei que visito com freqüência um arvoredo especial de olmos perto de casa, em busca de inspiração e orientação. Às vezes vou lá simplesmente para visitar o arvoredo. Se acontece de estar trabalhando num capítulo de um livro, eu muitas vezes recebo orientação a respeito do texto. Se estou enfrentando dificuldades com outra pessoa, posso receber conselhos sobre a natureza mais profunda do problema, ainda que não peça auxílio conscientemente.

Como todo o ser humano é complexo e único, cada um de

nós terá uma relação diferente com os membros dos reinos dévicos. Isso continuaria sendo verdadeiro ainda que dois grandes amigos, com interesses semelhantes, entrassem em comunhão com o mesmo espírito da natureza. Se um dos amigos fosse cientista e o outro, artista, suas experiências poderiam ser radicalmente diferentes. É por isso que duas pessoas clarividentes que comungam com o mesmo ser da natureza freqüentemente recebem impressões diferentes, e ambos estão "certos".

Dissemos anteriormente que nem todos os espíritos da natureza vão entrar em sintonia conosco. Embora muitos devas estejam ávidos por entrar em contato com seres humanos, alguns podem ter outros deveres a cumprir e precisam ficar sozinhos. Em geral, os devas mais receptivos aos seres humanos são os ligados a flores e árvores que foram plantadas pelas mãos do homem ou aqueles que habitam lugares visitados regularmente por pessoas, como parques, lagos, cachoeiras ou riachos. Dora Van Gelder Kunz, clarividente e agente de cura que vem se comunicando com seres sutis da natureza há mais de 80 anos, diz que os devas das montanhas, em especial, têm um grande interesse pela humanidade, e são bastante receptivos à comunhão conosco.

Alguns espíritos da natureza sintonizam especialmente bem com pessoas que necessitam de algum tipo de cura, enquanto outros se harmonizam com aquelas que carecem de inspiração e maior conscientização da natureza, ou que precisem obter conhecimentos ou informações acerca de um determinado assunto.

FORMAS DE COMUNHÃO COM OS DEVAS

Escrita

Como gosto de me comunicar por meio da palavra escrita, descobri que escrita automática é a forma mais fácil de comungarmos com os devas. Essa técnica nada mais é do que entrar num estado receptivo, de meditação, e depois escrever instinti-

Petúnias Silvestres, Brooklyn, Nova York

vamente tudo o que lhe for "transmitido". Descobri que, se fizesse o trabalho preparatório de ligação com a terra, já mencionado neste livro, eu poderia captar informações sobre qualquer assunto que me interessasse.

Depois de invocar os devas, entre num estado meditativo, receptivo. Em alguns minutos, é possível que você sinta uma presença dévica, que só pode ser descrita como uma energia inspiradora e carinhosa. Expresse gratidão pela presença do deva. Procure permanecer aberto à mensagem dele, sem estabelecer os assuntos sobre os quais gostaria de ouvir.

Com papel e caneta na mão, peça para se manter aberto ao ensinamento que precisa receber, ou faça uma pergunta sobre qualquer assunto da sua escolha. Quando comecei a comungar com devas das flores, costumava simplesmente pedir para permanecer aberto e receber sua mensagem, fosse qual fosse. Cada mensagem era única; seu conteúdo dependia da flor que a comunicava, da espécie a que pertencia, da sua localização, do papel que ela acreditava desempenhar na comunidade, ou das minhas necessidades particulares no momento.

Uma das mensagens mais simples e mais inspiradoras que recebi partiu de um deva ligado a uma petúnia silvestre. Ela crescia prodigamente de uma rachadura na parede de uma velha casa do Brooklyn, no bairro de Greenpoint:

> Ser capaz de triunfar sobre a adversidade não significa sobreviver — significa prosperar. Vocês homens criam tantos limites para a vida. Limites com relação ao amor, ao dinheiro, à saúde, ao desenvolvimento intelectual, à felicidade e à evolução espiritual constante. Vocês dizem: "Não consigo ir além disso." "Sou velho demais." "Sou novo demais." "É demais." "Estou mal conseguindo me manter." Limites. Desculpas. Pensamento estreito.
>
> Pode até ser verdade que muitos de vocês tenham de fato um caminho difícil a trilhar, com desafios e limitações reais. Muitos superam esses desafios, e então acreditam que o trabalho acabou. No entanto, na grande maioria dos casos, não acabou. De cada dez casos, em nove vocês precisam dar o próximo passo, e ainda o passo seguinte e mais outro. Para capitalizar, por assim dizer, seu sucesso. Para avançar. Para usar a valiosa experiência que adquiriram, e divulgá-la ao mundo. Pois superar obstáculos e desafios é seu trampolim para o próximo passo. A alegria, a experiência e o conhecimento que adquiriu estão prontos a impulsioná-lo para o próximo passo.
>
> Peço encarecidamente que vejam a vida desse ângulo positivo, amplo. Pois, como podem ver, cresço de uma minúscula rachadura na parede. E não estou apenas sobrevivendo. Estou vicejando. Portanto, tenham consciência da realidade de um universo em expansão. Aprendam bem suas leis, pois superar a adversidade é um feito precioso; é mais precioso ainda se ele leva a uma expansão e liberação contínuas, aceleradas. Liberação dos limites que os refreiam.

Flor de figueira-brava, Brooklyn, Nova York

Como continuei a trabalhar dessa forma com os devas, aprendi que, pelo fato de estarem intimamente ligados à Mãe Terra, todos eles são fontes potenciais de sabedoria telúrica. Os homens também têm essa sabedoria, mas muitas vezes estão isolados dela, especialmente aqueles que vivem em ambientes urbanos. Os devas nos ajudam, não apenas concedendo essa sabedoria natural, mas nos ajudando a nos abrir interiormente a essa sabedoria. Logo comecei a consultar os devas sobre questões pessoais, problemas ambientais, projetos de textos, além de assuntos específicos a respeito do material que deveria incluir neste livro.

Já que a maioria de nós não está acostumada a receber energia dos seres da natureza, muitos se sentem cansados depois de trabalhar com eles através da escrita por mais de alguns minutos. Quando comecei a anotar o que os devas me "ditavam", muitas vezes ia de canteiro em canteiro de flores, ávido por conhecê-los e receber suas mensagens. Estava animado com o fato de trabalhar com eles, e parecia que também estavam bastante ansiosos por se comunicar comigo, provavelmente por serem geralmente ignorados pelos homens. Porém, ficava exausto depois de receber mensagens seguidas de cinco ou seis devas das flores.

Certa manhã, depois de um dia especialmente agitado, transcrevendo mensagens dos devas florais, acordei sentindo-me cansado e dolorido. Resolvi ir ao meu quiropata, que também é sensível aos domínios sutis da natureza. Depois de colocar minha coluna em ordem, aconselhou-me: "É excelente comungar com as flores, mas não se sinta obrigado a visitar todas elas de uma vez só." Em outras palavras, é melhor entrar em contato com a energia dévica em pequenas doses, especialmente no início. Depois desse dia descobri que se ajustar ao próprio ritmo e ser sensível ao nível de energia pessoal é importante para conseguir se comunicar com os devas por um período de tempo mais longo, sem se sentir cansado.

Criações Artísticas

Para aqueles que têm dons artísticos, desenhar, fazer esboços ou pintar enquanto sente conscientemente a presença dos devas é algo que proporciona uma experiência singular e altamente gratificante. Como a própria essência dos devas é a beleza, permitir que eles nos auxiliem na criação de obras artísticas é um verdadeiro ato de comunhão. O trecho a seguir foi transmitido por um deva ligado a uma figueira-brava que crescia perto de uns trilhos de trem:

> A beleza que oferecemos a vocês vem bem lá do fundo. Vem do coração e da alma da Mãe Terra. Abrange toda a delicadeza, o anseio e o propósito da mais completa expressão de beleza que se conhece.
>
> A beleza repousa no fundo do coração e da alma de cada um de vocês, meus queridos, embora com muita freqüência pareça ausente. Ou está completamente obscurecida, ou se expressa de for-

mas distorcidas e grotescas. Vocês não acham curioso como os homens podem criar tanta beleza e, ao mesmo tempo, haver tanto mau gosto na arte, no projeto, na arquitetura e no planejamento das cidades? A verdadeira expressão da beleza é freqüentemente enclausurada. Em algumas pessoas nem sequer chega a se manifestar.

Se vocês são artistas, projetistas ou arquitetos profissionais, pedimos apenas que tenham como prioridade a beleza. Pois há muito mau gosto num grande número de criações modernas que se vêem por aí. Criar obras de mau gosto com os elementos da Mãe Terra — sejam eles dos reinos mineral ou vegetal — é um insulto, tanto a esses próprios elementos quanto a seus semelhantes... Portanto tomem consciência da beleza: a beleza que encontram no mundo a seu redor e aquela que pode ser encontrada lá no fundo do seu próprio ser.

Embora poucos artistas tenham consciência de que trabalharam em parceria com os devas, uma análise de muitas das pinturas inspiradoras de paisagens naturais feitas por mestres como Vincent Van Gogh, Paul Cezanne e Georgia O'Keefe revela influência dos reinos sutis. O caráter "espiritual" das pinturas do artista e cientista russo Nicholas Roerich, em especial, revela uma forte influência dévica, particularmente no tratamento que ele dava à luz. Roerich também confiava na orientação dos membros do reino angélico para criar seus projetos arquitetônicos, tais como o Master Building, edifício de 24 andares em Manhattan que abrigava um museu, escritórios e residências para artistas. Transformado hoje num prédio de apartamentos, o edifício foi originalmente projetado para incluir no topo uma estupa budista com cobertura de cobre.

Os Himalaias eram um dos locais favoritos de Roerich para pintar. Em seu livro *Himalayas: Abode of Light*, Roerich escreveu o seguinte: "O mais elevado conhecimento, as canções mais inspiradas, os sons e cores mais esplêndidos são criados nas montanhas. Nas montanhas mais altas vive o Supremo."

Como na escrita automática, na criação artística com ajuda dos devas temos que ser receptivos. Embora não haja necessidade de entrar em transe, podemos deixar que sua sabedoria nos guie. Se pretende pintar uma árvore ou paisagem em particular, pode deixar que os devas desse local acrescentem uma dimensão mais energética ao seu desenho. Se for a um local na natureza sem nenhuma idéia em especial sobre o que pintar, deixe que o deva sugira um tema apropriado. Embora possa ser um tema óbvio da natureza, como uma cachoeira ou praia, você pode se sentir inspirado pela idéia de criar uma obra de arte com base num tema mais abstrato, como um vórtice de energia ou o reflexo da luz na água. Às vezes, os próprios devas podem aparecer a pessoas que têm o dom da clarividência, tornando-se assim o objeto perfeito para um retrato.

Som e Música

O som, uma das forças elementais da natureza, permeia todo o planeta. Num nível elemental, o som se manifesta por ondas e vibrações, que em geral sintonizam com as energias dos devas. Quando ouvimos, as ondas sonoras que viajam pelo ar ecoam no interior do nosso ouvido. Quando falamos, geramos ondas sonoras com a laringe. Quando tocamos um instrumento musical, criamos vibrações sonoras que podem nos estimular, relaxar, deprimir ou enlevar o espírito.

Como toda energia natural, o som tem o poder de construir ou destruir. No livro *The Secret Life of Plants*, descobrimos como diferentes tipos de sons podem estimular ou retardar o crescimento dos vegetais. O ramo emergente da musicoterapia tem mostrado como tipos diferentes de música podem agir como auxiliares na cura de problemas físicos e emocionais. Os comerciantes usam a música há décadas para incitar subliminarmente o cliente a comprar. Ao tomar consciência do poder do som e usá-lo para criar harmonia na fala e na música, podemos nos tornar poderosos agentes do bem na nossa vida.

Como o som é essencialmente uma forma sutil de vibração, ele tem um efeito poderoso sobre os devas. Numa palestra na fazenda Pumpkin Hollow, Dora Van Gelder Kunz relatou como a música pode ajudar a preparar a atmosfera para atrair devas e permitir que eles usem a energia da música e a difundam como parte da sua tarefa de construir e restaurar as formas. Por essa razão, o uso sensato da música pode ser uma forma de atrair os devas, facilitar a comunhão com eles e auxiliá-los em seu trabalho. Os reinos interiores da música foram descritos pelo deva de um canteiro de flores, localizado na entrada de uma escola de música:

> A música é uma forma especial de vibração. É parte da vibração que constitui toda a vida aqui na Terra. É, em certo sentido, aparentada a nós, flores, já que a música em seu estado mais elevado pode levá-lo às raízes do seu ser, às raízes da sua condição de filho da Terra, a seu eu natural. Pode ajudá-lo a redescobrir seus laços essenciais com a Mãe Terra, no entanto, a música pode também levá-lo às alturas, aos reinos do Pai do Céu.
>
> A música pode exercer uma influência poderosa sobre seus pensamentos. Pode ajudar a construir poderosas formas mentais de positividade, empenho e organização. Pode colaborar também na dissolução de velhas formas e atitudes mentais inúteis e na introdução de novos elementos — ou pode simplesmente pôr abaixo o velho e deixar um espaço aberto para que nasça o novo!
>
> Não existe música mais perfeita do que aquela que inspira, que o eleva aos céus. É música para a alma. Muitos, muitos compositores ao longo dos séculos se ligaram às dimensões espirituais da música, e basearam suas criações nessa realidade. Se você é compositor, ore para se ligar à fonte espiritual da expressão musical. Os seres que habitam os reinos do espírito vão ajudá-lo alegre e avidamente, pois quando a música é composta e interpretada com o intento de enlevar o espírito humano, ela se coloca entre as maiores bênçãos. A música provém diretamente do âmago de toda a criação.

Podemos usar a música de diversas formas para atrair os seres dévicos e comungar com eles. Em primeiro lugar, podemos tocar uma fita de música sacra, harmoniosa ou meditativa, enquanto estamos absortos num bosque, às margens de um lago ou num jardim. Aliando-se ao nosso propósito sincero e concentrado, a música ajudará a preparar a atmosfera para a comunhão com os seres dévicos.

Um método mais pessoal envolve a criação de vibrações sonoras com cânticos e orações. Ao escolher preces e cânticos que enlevem o espírito humano, não somente atraímos os devas que sintonizam com essa energia, mas nos abrimos à comunhão com eles num nível superior, mais aprimorado do nosso ser. É provável que os monges que entoam cantos gregorianos ou cânticos tibetanos atraiam muitos devas poderosos ao mosteiro, e isso permite que desenvolvam um trabalho de criação conjunta com os seres sutis, tanto no reino físico quanto no suprafísico.

Cantar é outro método poderoso para atrair os devas e facilitar a comunhão com eles. Tenho um amigo que é tenor de ópera e que gosta de cantar caminhando na mata. Certa vez, ele cantava a ária de uma ópera que expressava seu amor ao Grande Espírito. A canção literalmente enchia a floresta e atraía para ele energias que só poderiam ser descritas como angélicas. Um efeito semelhante poderia ser provocado pelo ato de tocar, num estado de meditação, uma música sublime com instrumentos de cordas, de sopro, sinos ou tambores.

É importante ressaltar que, como o som é uma força poderosa, deve sempre ser respeitada, especialmente quando nos dedicamos a um trabalho espiritual. Da mesma forma como a música meditativa pode atrair seres dévicos que sintonizam com cura, sabedoria e enlevo, sons destoantes podem atrair energias elementais que favorecem a desarmonia e a divisão. Como conseqüência, podem fortalecer em nós os elementos não harmônicos, em vez de nos ajudar a harmonizá-los e a transformá-los.

A Comunhão com os Devas na Horta

A sobrevivência dos homens é baseada em alimentos derivados do reino vegetal. E mesmo que comamos carne, os animais que consumimos dependem todos de uma rica dieta de cereais, legumes e pastagem para atingir o peso de abate. Se encararmos a vida do ponto de vista material somente, pode parecer que só o fato de plantar sementes, suprindo-as com água, fertilizantes e inseticidas químicos, é uma garantia de que continuaremos a ter alimento no nível material.

Nos últimos anos, porém, um número cada vez maior de fazendeiros e pequenos agricultores vem percebendo que, além de fibras, proteínas, vitaminas e minerais que recebemos do alimento, absorvemos também a força vital e as energias sutis geradas por ele. Além de agradecer e louvar essa força vital por meio de preces feitas antes da refeição, muitos reconheceram a importância de agradecer essa energia vital — regida pelos seres dévicos — quando cultivam frutas, legumes, verduras e cereais para a própria subsistência e para a de outros membros da comunidade. Em seu livro *The Theosophist*, L. E. Girard comentou:

> Se a semente é plantada e cultivada sem que se pense na vida que lhe dá o ser, essa vida, não sendo estimulada a coisas maiores, cumpre meramente a sua lei de existência. Mas quando o agricultor compreende que cada semente com tendências germinativas pode ser levada a reagir a uma influência especial, ela é capaz de provocar dois resultados úteis e reais, que, somados à excelente qualidade das lavouras obtidas graças à agricultura científica, produzem um alimento de qualidade superior.
>
> Os dois resultados são estes: em primeiro lugar, o agricultor, recorrendo com inteligência à força da natureza, convida para o seu campo multidões de Espíritos da Natureza da espécie mais bela e variada, que o auxiliam no cultivo das plantas; em segundo lugar, essas forças acrescentam ao cultivo um componente vital que só elas podem dar.

A comunhão com devas de hortas e de jardins proporciona-nos uma oportunidade especial, pois é necessariamente uma contínua relação de co-criação: trabalhando com os elementos, passamos a cooperar com os devas na criação da vida. Por essa razão, é preciso grande sensibilidade para receber orientação sobre qual a melhor forma de ajudá-los a alcançar a expressão mais completa da natureza. Em vez de insistir em coordenar tudo, como normalmente fazem os homens ao planejar e cultivar uma horta, passamos a nos esforçar humildemente para colaborar com os devas e com os espíritos da natureza locais.

Talvez o exemplo mais conhecido da cooperação entre homens e devas seja o de Eileen e Peter Caddy, Dorothy Maclean e outros, no renomado Horto Findhorn, na Escócia. Seguindo o conselho dos devas ligados à paisagem local e às diferentes espécies de plantas, eles foram capazes de criar um esplêndido horto num solo desértico. No livro clássico *The Findhorn Garden*, Dorothy Maclean relatou o ponto de vista dos devas sobre o que é realmente uma horta ou jardim:

> Para um deva, o jardim ou horta não é a reunião de formas e cores, mas linhas de energia em movimento. Ao descrever o nosso horto, disseram que podiam ver as forças do subsolo sendo aos poucos puxadas para cima, e combinando-se com aquelas que desciam em grandes e velozes ondas. Dentro desse campo energético, cada planta era um turbilhão individual de atividade.

Enquanto trabalhavam com os devas, os membros da Comunidade Findhorn não somente recebiam profundas revelações espirituais, mas conhecimento prático sobre semeadura, adubação orgânica e cuidados com as plantas. Peter Caddy falou sobre suas primeiras experiências em *The Findhorn Garden*:

> Eles nos disseram a que distância as plantas deviam ficar umas das outras, com que freqüência devíamos regá-las, o que estava errado e o que deveria ser feito para corrigir... Por exemplo, depois

de ter plantado nossas primeiras sementes de alface, fiz como aconselhavam os livros de horticultura, podando as fileiras e replantando as folhas podadas para transformar cada fileira original em cinco ou seis. Mas a maioria das folhas que transplantamos começou a morrer, e não sabíamos por quê. Quando Dorothy perguntou o que fazer ao Deva da Alface, ele disse que seria melhor plantar as sementes bem agrupadas em cada fila, e depois eliminar as plantas que nascessem fracas, em vez de transplantá-las. Podíamos reciclar a força vital das plantas pela adubação orgânica. O conselho se provou sábio.

As pessoas comungam com espíritos da natureza de modos diferentes. Enquanto Dorothy Maclean tem a capacidade de "ouvir" os devas e registrar por escrito seus conselhos, muitos jardineiros e horticultores trabalham subconscientemente com devas. Embora até possam nem estar cientes do fato de que estão trabalhando com os reinos dévicos, sempre sabem intuitivamente o que é necessário para criar uma horta ou um jardim belo e vicejante. Todos já ouvimos falar de pessoas que têm o proverbial "dedo verde", e que sempre cultivam as hortas e jardins mais lindos e viçosos. Muitos desses horticultores ou praticantes de jardinagem conversam com as plantas e lhes transmitem bons sentimentos. Embora não saibam conscientemente que estão comungando com espíritos da natureza, muitas pessoas se sentem em paz e tranqüilas quando trabalham com as plantas. Em seu livro *The Experience of Nature*, Rachel Kaplan e Stephen Kaplan abordam alguns dos aspectos psicológicos da horticultura:

> A horticultura e a jardinagem proporcionam diversos meios de ligação, fazendo-nos assim superar os nossos limites. Alguns podem experimentar, ao praticar essas atividades, uma ligação histórica, um elo com tempos antigos e com gerações passadas. Certamente, muitos jardineiros e horticultores sentem sua relação com uma força ou sistema que é maior do que eles, e que não está sob o controle humano.

A Criação de uma Horta

Se você tem interesse em cultivar uma horta, faça o trabalho preparatório descrito anteriormente. Vá até a área onde pretende plantar, faça suas oferendas aos devas e invoque a presença deles de um modo que manifeste o respeito e gratidão que você tem pelo importante trabalho que eles fazem. Tenho verificado que a invocação proposta por Geoffrey Hodson, transcrita no capítulo anterior, é especialmente útil para esse fim.

Se quiser, deixe papel e caneta à mão para receber orientação a respeito do projeto da horta. Depois de ter feito as invocações propostas no capítulo anterior, analise o terreno em que gostaria de plantar a horta. Pode ser um espaço aberto ainda com vegetação nativa, ou pode ser um lugar onde já havia uma horta. Encare esse espaço natural com reverência, sabendo que o cultivo de vegetais para a alimentação humana e lazer é um dom extraordinário da Mãe Terra. Na obra *Perelandra Garden Workbook*, de Machaelle Small Wright, a importância do componente energético de uma horta foi descrito pelo deva do Horto Perelandra como algo que vai além do simples cultivo de alimentos de qualidade superior.

> O campo de ação da energia vibrante, doadora de vida, não abrange apenas as plantas e seus frutos e legumes. Ele se irradia também da horta para o solo dos arredores e atinge toda forma viva dentro dessa área. Talvez seja mais fácil visualizar o que estamos dizendo se imaginarem a horta como um gerador de energia.

Os homens em geral preferem fazer hortas no formato de um quadrado ou retângulo. Quando desejamos trabalhar em conjunto com os devas, entretanto, precisamos estar abertos à possibilidade de co-criar uma horta na forma circular, oval ou num formato irregular que esteja em harmonia com os contornos do terreno. Também podemos receber orientação sobre quantas fileiras plantar na horta, bem como sobre a melhor largura e profundidade dessas fileiras.

Depois, precisamos saber que espécies de plantas queremos cultivar. É claro que nesse ponto se torna necessário algum conhecimento intelectual; se moramos num lugar de clima frio, tentar cultivar vegetais típicos dos trópicos é algo que provavelmente não dará certo, por mais íntimos que sejamos do deva. Depois de termos uma idéia geral sobre o que gostaríamos de plantar, podemos pedir a orientação do deva a respeito das espécies mais apropriadas. Usando o método de escrita mencionado anteriormente, você pode simplesmente perguntar ao deva quais sementes plantar, e anotar seus nomes no caderno. Esteja preparado para receber informações que sequer havia cogitado; o deva pode sugerir, por exemplo, que você plante determinados tipos de flores ao lado dos legumes e verduras. Você também pode fazer perguntas específicas, cujas respostas sejam do tipo sim ou não; por exemplo: "Será que devo plantar tomates?"

Um dos métodos de comunhão com devas de jardins e hortas é a rabdomancia. Segundo Patricia C. e Richard D. Wright, em *The Divining Heart*, a rabdomancia é "o processo de descobrir ou revelar informações por meio do eu". Trata-se de uma antiga forma de adivinhação, muitas vezes realizada com o uso de uma varinha de aveleira ou salgueiro, com o formato de uma letra Y. A técnica também pode ser executada com um pêndulo ou cordão, que se pode encontrar facilmente em livrarias esotéricas e da Nova Era. Esse método é especialmente útil para pessoas que ainda não confiam totalmente na intuição quando trabalham com energias dévicas. A técnica de rabdomancia com pêndulo é bem simples: mantendo o pêndulo suspenso sobre as sementes ou brotos, faça perguntas que exijam respostas do tipo "sim" ou "não".

É preciso definir primeiramente quais sinais indicam uma resposta afirmativa ou negativa. Por exemplo, quando perguntar o que constitui um "sim", o pêndulo pode oscilar para frente e para trás, ou descrever um círculo. Se, por exemplo, estabeleceu que o "sim" é o movimento para frente e para trás, um "não" seria indicado pelo movimento circular do pêndulo. Você pode então fazer aos devas da região perguntas específicas sobre qualquer assunto, desde que requeiram apenas simples respostas afirmativas ou negativas. Por exemplo, pode perguntar ao deva se plantar pepinos é uma boa opção, e, dependendo do tipo de movimento do pêndulo, obterá a resposta. Você pode continuar a fazer perguntas dessa forma enquanto planeja e planta a horta, e também quando já estiver em meio ao processo de cultivo. Pode fazer perguntas sobre fertilizantes, eliminação de ervas daninhas, poda e irrigação, além de tirar dúvidas sobre insetos e outros "visitantes".

Embora muitas pessoas prefiram cultivar em toda a extensão do terreno, os membros da Comunidade Findhorn aprenderam a importância de conservar intacta uma parte do terreno, onde os devas possam viver e trabalhar sem interferência humana. Agindo, assim, reconhecem a força espiritual da natureza "agreste", e veneram as entidades dévicas de um modo extremamente respeitoso.

Se pretende trabalhar seriamente com devas das hortas e dos jardins, o *Perelandra Garden Workbook* é o guia mais abrangente do mercado (ver Recursos). Escrito por uma mulher que comunga e trabalha com esse tipo de devas há mais de vinte anos, a obra fornece informações detalhadas a respeito dos aspectos externos e internos do planejamento e cultivo de uma horta, em colaboração com devas e espíritos da natureza.

O Cultivo de Ervas Medicinais

Como há milhares de anos os homens usam remédios extraídos de ervas, os xamãs e outros curandeiros vêm mantendo contato com a consciência dévica num nível subconsciente ao longo de toda a história humana. Hoje herbanários modernos trabalham em nível consciente com os devas para adquirir conhecimento sobre as qualidades medicinais das ervas, bem como para determinar as doses e ervas apropriadas de acordo com cada caso. Dorothy Maclean registrou a seguinte explicação de um deva sobre as ervas: "Justamente por nos relacionarmos há muito tempo com os homens, estamos prontos a liderar a cooperação entre os nossos dois mundos. Somos parte da consciência humana." Como o jardineiro ou horticultor, o herbanário pode se preparar antes de entrar em comunhão com a erva, num estado sereno de meditação. Pode fazer uma pergunta mais abrangente, do tipo: "Quais são as virtudes essenciais que você transmite?" Caneta na mão, ele ficaria então num estado de silêncio receptivo e passaria a receber intuitivamente e a anotar as informações que o deva da erva tivesse para transmitir.

Pode-se também usar um pêndulo para fazer ao deva da erva perguntas específicas que exijam respostas do tipo "sim" ou "não", tais como uma dúvida a respeito do uso ou da dosagem adequada de uma erva. Por exemplo, se quiser saber se duas medidas de chá de hortelã é a dosagem adequada para determinado paciente, segure o pêndulo acima de uma porção de hortelã e faça perguntas sobre a dosagem apropriada que requeiram respostas do tipo sim ou não. Pode-se continuar a fazer perguntas até receber a resposta definitiva:

"Uma medida é a dosagem apropriada?" (não)
"Duas medidas é a dosagem apropriada?" (sim)
"Três medidas é a dosagem apropriada?" (não)

Nesse caso, a resposta correta seria "duas".

COMO FAZER UM BOSQUE SAGRADO

O conceito de plantar bosques sagrados remonta aos primórdios da civilização humana, sendo comum entre os antigos gregos, egípcios, romanos, e especialmente entre os druidas. Atualmente ainda é algo bastante apropriado do ponto de vista ecológico, já que as árvores são fundamentais para que tenhamos um planeta saudável. Os bosques sagrados podem ser palco para a celebração de um nascimento, um rito de passagem, casamento, aniversário de casamento, morte, a comemoração de um êxito particular ou da realização de um desejo ou anseio pessoal. Como morada de seres dévicos, o bosque também pode servir como santuário e local de cura, de transformação ou de aprendizado de toda a vida.

Planejar um bosque sagrado é algo que pode ser feito com o auxílio dos devas que habitam a área. Se deixarmos que eles nos ajudem a enxergar as coisas do ponto de vista *deles*, eles podem nos ajudar a escolher o melhor lugar para plantar as árvores, aumentando dessa forma a energia do local em questão. Eles também nos ajudarão a nos tornarmos mais conscientes do tipo de energia que gostaríamos que o bosque sagrado gerasse. Essa energia é determinada pelas espécies de árvores que devemos plantar. Xamãs, magos e sacerdotes muitas vezes foram responsáveis pela criação de bosques sagrados, trabalhando em conjunto com os devas na escolha do melhor local e na seleção dos tipos apropriados de árvores para plantar.

Estudando a biologia e a tradição de diferentes espécies vegetais, podemos aprender mais sobre as qualidades físicas, místicas e simbólicas de uma árvore. Isso pode nos ajudar a escolher entre as várias espécies de árvores às quais se atribuem propriedades terapêuticas (caso do sabugueiro), ou entre aquelas associadas à sabedoria (caso do carvalho). Algumas pessoas podem preferir plantar mudas que sejam da linhagem de árvores famosas e históricas.

O plantio correto das árvores é importante. A árvore deve ser plantada numa cova de tamanho e profundidade apropriados, a drenagem do solo deve ser adequada para a espécie e as mudas devem ser plantadas a uma determinada distância umas das outras. Além de confiar na nossa bagagem intelectual e nos conhecimentos que adquirimos acerca do assunto, pedir o conselho dos devas é especialmente proveitoso nessa fase.

Saber como cuidar das árvores que plantamos também é fundamental, tanto para as árvores quanto para nós mesmos, na condição de seus tutores. Como no caso das hortas e jardins, os devas que habitam o local podem nos auxiliar nos cuidados com as ár vores recém-plantadas. Controle de pragas, adubação, irrigação, podas ocasionais, primeiros socorros e proteção contra animais e vandalismo humano são coisas que requerem nossa participação ativa durante os primeiros anos da vida da árvore. Cuidar de uma árvore dessa maneira pode se transformar num imenso prazer e é uma expressão de nosso interesse pela Terra e por outras formas de vida que dividem conosco este planeta.

PRESERVAÇÃO SUPRACONSCIENTE

A comunhão ativa com devas e espíritos da natureza também ajudará a recuperar um ambiente constantemente devastado. Sempre que resolvemos iniciar ou tomar parte em projetos que visam recuperar paisagens assoladas, limpar áreas poluídas e cheias de lixo, plantar árvores e arbustos, criar espaços verdes ou construir miniparques numa região urbana, estamos trabalhando com as energias criativas das entidades dévicas locais. Sendo receptivos à sua inspiração e sabedoria, deixamos de lado o nosso ego humano e procuramos entender a situação de um ponto de vista dévico. Dessa forma, não só os ajudamos no seu valioso trabalho, mas participamos com eles de um processo de co-criação nos níveis visível e sutil.

CONTEMPLAÇÃO

Enquanto algumas pessoas comungam com os devas por meio da escrita, da música ou da arte, ou através da jardinagem ou do plantio de árvores, a grande maioria de nós irá comungar com os devas em níveis subconscientes. Afora sentimentos de conforto, inspiração e bem-estar, pode até ser que nem estejamos cientes de que estamos comungando com eles. Isso não significa que estejamos fazendo algo errado ou que somos menos evoluídos espiritualmente do que as pessoas que podem ver os devas e se comunicar com eles conscientemente no jardim ou na horta. Significa apenas que, nesse momento específico, a comunhão subconsciente (ou inconsciente) é a mais apropriada para nós. Para algumas pessoas, captar a sabedoria dévica num nível subconsciente pode até ser algo muito mais valioso e duradouro do que receber informações por meio da mente consciente.

Numa sociedade em que a aparência externa é muitas vezes soberana, pode ser difícil valorizar experiências pessoais, interiores, que não são visíveis externamente. Porém, ao perceber o valor que têm nossas experiências pessoais, nos tornamos mais capazes de receber plenamente as bênçãos que a comunhão com os devas tem a oferecer.

Quer possamos enxergar os devas por meio da visão clarividente, ou captar sua sabedoria num nível subconsciente, o verdadeiro valor de nossa comunhão com eles está na influência que causa na nossa vida, e é demonstrado na proporção em que aplicamos nosso conhecimento para colaborar no processo de regeneração do planeta.

10

Cura

Ajuda a Natureza e trabalha para fazê-la prosperar; e a Natureza irá considerar-te como um de seus criadores e prestará reverência a ti. E ela abrirá ante ti as portas de suas câmaras secretas.

*— H. P. Blavatsky, The Voice of the Silence**

A palavra "heal" (cura, em inglês) tem sua origem no termo anglo-saxônico *hal*, que significa "sadio", "vigoroso" ou "são". A cura envolve conceitos básicos como saúde, bem-estar e integração. Nos termos dos índios americanos, significa "caminhar em equilíbrio sobre a Mãe Terra".

A cura é a essência da própria vida. Sem cura não haveria nenhuma possibilidade de evolução. Como ser vivo, a Terra é uma entidade que tem o poder de regenerar a si mesma. Ela trabalha para recolocar energias em sintonia, e reajustar os aspectos de si mesma que estão desalinhados e em desarmonia. O processo de cura tem sido constante desde o nascimento do planeta. E apesar da crescente devastação provocada pelos homens,

* *A Voz do Silêncio*, publicado pela Editora Pensamento, São Paulo, 1976.

o processo de cura e de regeneração da Terra irá continuar. A dúvida maior é se a humanidade continuará a participar do processo de regeneração do planeta, ou se iremos nos destruir por meio da poluição, da doença, ou do uso pouco inteligente dos recursos terrestres.

Aprendendo a comungar e a trabalhar com as forças sutis da natureza, podemos aprender também a colaborar na preservação da Terra. À medida que nos dedicamos ativamente à regeneração do planeta, cooperamos também com a nossa própria cura.

A CURA DE NÓS MESMOS

Muitas das mais antigas tradições de cura da humanidade — incluindo o chi gong, a medicina ayurvédica, a acupuntura, a imposição das mãos, a imersão em fontes de águas quentes e minerais, a cura por meio de cristais e de ervas — trabalham com as energias de cura inatas da Terra para nos auxiliar no processo de cura pessoal. Até na moderna medicina alopática, que é atualmente o método terapêutico dominante nas nações ocidentais industrializadas, muitos medicamentos comerciais são derivados de árvores, ervas e outros vegetais.

Quando nos propomos a comungar pessoalmente com a Mãe Terra, porém, nos abrimos de forma mais direta ao seu poder de curar. No momento em que visitamos qualquer forma viva, seja uma cachoeira, um rio, uma árvore ou um campo de flores, estamos comungando com a inteligência e com a força viva que está por trás da evolução dessas formas. Como resultado, nos abrimos para uma fonte poderosa de energia de cura. Como a natureza representa a sintonia harmoniosa e cooperativa de todos os elementos da criação, é ela também a agente de cura suprema, que afeta todos os aspectos do nosso ser.

A cura ou regeneração da Terra é feita, em grande parte, por membros do reino dévico. Colaborando nos processos de harmonização, crescimento, substituição, reajustamento e proteção, os devas e os espíritos da natureza trabalham para regenerar o planeta. Embora cada um desses seres realize sua tarefa no seu próprio ritmo e em planos diferentes, seu trabalho de cura é executado o tempo todo, dia e noite.

Os seres humanos, como parte integrante da família da natureza, têm o direito inato de entrar em contato com as forças de cura dos devas sempre que precisarem. Quando entramos em contato com as formas naturais, conseguimos aceitar os aspectos rejeitados do nosso ser, integrar nossas energias divergentes e nos harmonizar com as forças naturais do mundo natural que nos cerca.

Logo depois de comungar com um deva ligado à Cascata Raymond's Kill, próxima a Milford, Pensilvânia, tive a impressão de que a possibilidade de entrar em contato com as tremendas forças de cura da natureza não é apenas um aspecto essencial da comunhão entre homens e devas; é, isso sim, a parcela mais importante do nosso trabalho subconsciente com eles. Como o poder de cura é inerente a todos os seres vivos, não só temos a capacidade interior de curar a nós mesmos, mas sintonizamos com esse mesmo poder que habita em todos os outros seres vivos. Os devas não só sintonizam com o nosso poder de cura inato, mas conseguem penetrar nos bloqueios energéticos que contribuem para debilitar a saúde — seja mental, física ou psicológica.

Os espíritos da natureza podem entrar em sintonia com o aspecto que precisa ser curado em nós, nos níveis energéticos mais sutis. Por exemplo, se o problema de saúde é, basicamente, resultado de pensamentos errados, de atitudes inflexíveis, de perspectivas limitadas ou de apego a velhos conceitos de que não precisamos mais, os devas podem inspirar em nós, de uma maneira sutil, a realidade de um universo mutável; a necessidade de estar aberto, de mudar, de transformar, de elevar nossos pensamentos, de avançar na vida ou de perceber a realidade que está por trás das aparências.

Se estamos doentes devido a feridas passadas que ainda não cicatrizaram, os devas podem gentilmente oferecer seu poder de cura que sintoniza com nosso "agente de cura interior". Isso pode ajudar a sanar velhas feridas da maneira que for melhor para nós. Com muita freqüência, a cura não ocorre num nível lógico, mental; a cura sutil de uma ferida antiga (mesmo aquela da qual não tínhamos talvez consciência) pode despertar ou desbloquear nossa capacidade de cura inata, levando-nos à recuperação.

Os problemas de saúde podem ser provocados por algum tipo de deficiência energética. O contato com uma fonte de energia curadora, como uma cachoeira, um rio, um lago ou o mar, pode proporcionar a energia extra de que precisamos para acelerar o processo de cura. Ao aprender a entrar em contato com a energia de cura dos devas, podemos aumentar nosso nível global de energia.

COMO ENTRAR EM CONTATO COM A ENERGIA DE CURA

Quando for a algum lugar em busca de cura, expresse sua consideração pelo deva, faça uma oferenda se quiser, faça suas orações para facilitar a sintonia e permaneça receptivo às poderosas energias que estão disponíveis para o seu uso.

É também importante *pedir* a cura; você pode dizer qual é o seu problema, seja externo ou interno, caso saiba qual é. Peça para ser curado, *se for essa a vontade de Deus*. Rogar pelo poder de cura segundo a vontade de Deus, ou em nome do Grande Espírito, vai proporcionar-lhe a quantidade certa de energia de cura, que não será nem excessiva nem insuficiente. O melhor é simplesmente pedir a energia de cura necessária para que você possa recuperar a saúde. Não trace mentalmente um roteiro dessa recuperação, pois é possível que a cura precise ocorrer não só no nível físico. Em alguns casos a cura física pode não ser possível, embora possa acontecer no nível emocional. E mantenha-se re-

ceptivo ao processo de cura, seja qual for a
implica aprendizado, paciência, harmonizaç

Se quiser, você pode invocar a energia d
nome de uma outra pessoa — que pode não es
conscientemente com eles. Nesse momento, se desej
zer uma prece pedindo a cura, para invocar a presença do vas especializados na regeneração. Muitos preferem fazer uma invocação relativamente formal, transmitida por seres dévicos a Geoffrey Hodson há mais de 60 anos e publicada em *A Fraternidade de Anjos e de Homens*:

Salve devas da Arte da Cura!
Venham em nosso auxílio.
Derramem sua vida regeneradora sobre (nome da pessoa).
Que cada uma de suas células seja recarregada com a Energia Vital.
Tragam paz a cada nervo.
Aliviem-no(a) desse sofrimento.
Que possa a maré cheia da vida renovar a vitalidade
de cada membro
Pois, através do seu poder de cura,
Alma e corpo são restaurados.
Deixem aqui (ou lá) um anjo sentinela,
Para confortar e proteger,
Até que retorne a saúde, ou que a vida se vá,
Que ele possa afastar todo mal,
Que ele possa fazer com que essa pessoa recupere logo as forças
Ou conduzir à paz quando ela chegar ao fim da vida.
Salve, devas da arte da cura!
Venham em nosso auxílio,
E partilhem conosco as fainas desta terra,
Que Deus possa ser libertado dentro do homem.

O processo de cura não se limita à eliminação dos sintomas externos. A verdadeira cura requer sintonização. Exige que sintonizemos as nossas crenças, emoções e energias com a vontade

. cus, e também com o ritmo da própria Mãe Terra. É claro que esse processo vai demandar algum esforço da sua parte; é preciso que você aja segundo os novos vislumbres e descobertas que podem ser revelados a você durante o processo inicial de cura. Por exemplo, se o fato de manter um relacionamento insatisfatório constitui um fator de falta de sintonização ou harmonia, pode ser que você tenha de modificar o relacionamento. Em muitos casos o processo de cura pode requerer decisões difíceis ou mesmo dolorosas.

Na condição de filhos da Mãe Terra, e parentes humanos dos seres da natureza ou devas, o poder de cura da natureza está disponível para todos nós, como um dom irrestrito. Faz parte da "caderneta de poupança" que trazemos ao mundo, quando nascemos. As únicas limitações à cura são aquelas que nós mesmos impomos por estarmos isolados da natureza nos níveis mental, emocional, físico, espiritual e energético. Um deva fez a seguinte pergunta: "Não é de admirar, então, que como raça vocês homens sejam tão doentes? Tão doentes em todos os níveis do seu ser?"

Cada ser da natureza proporciona determinadas qualidades essenciais ou predominantes, que são inerentes à sua natureza ou ao tipo de forma natural a que está associado — água (corrente ou parada), árvores, rochas, ventos ou fogo, por exemplo. Por isso determinadas forças sutis da natureza sintonizarão melhor com você. Por exemplo, eu descobri que sintonizo melhor com as energias das montanhas e dos ventos. Portanto, caso eu precise de cura, é melhor que eu vá a um lugar onde vente bastante ou ao cume de uma montanha. Mas, em geral, determinados locais da natureza — como uma queda-d'água ou praia — podem ser a morada de vários espíritos da natureza, com suas inúmeras essências centrais. Esses lugares podem proporcionar uma poderosa *combinação* de energias harmonizadoras que certamente ajudará a facilitar o processo de cura. Depois de meditar debaixo da cascata Raymond's Kill (e nadar em suas águas geladas), recebi a seguinte mensagem:

Cataratas de Laja, Chile

Sou a convergência harmoniosa de energias que abrange o penhasco, águas correntes e ventos, e, em menor grau, as árvores. O poder das águas correntes promove energia e purificação do nível físico denso aos níveis espirituais mais sutis. Os devas associados aos penhascos proporcionam força, estabilidade e o potencial energético ainda não liberado. Os devas das árvores oferecem a essência do crescimento e da vida na condição vertical — ligada tanto à Terra quanto aos céus, servindo como ponte e condutor de energia entre eles. Os devas dos ventos proporcionam mudança; facilitam a comunicação entre os diferentes reinos da natureza e trazem a você novas idéias e perspectivas. (Se tiver sorte, pode também conseguir obter do arco-íris a cura que toca no mais profundo de sua alma e ajuda a purificar e aprimorar suas energias mais harmonizadas espiritualmente.) Assim, escolher uma cachoeira para entrar em contato com a energia de cura é uma decisão sábia, pois pode aumentar enormemente, de forma bastante dinâmica e poderosa, a possibilidade de comunhão entre a natureza e os inúmeros aspectos do seu próprio ser — tudo de uma só vez!

SINTONIA COM AS FORÇAS DA NATUREZA

Um aspecto importante, mas muitas vezes desprezado, da cura abrange a nossa sintonia elemental, biológica e química com outras formas da natureza. O velho pensamento científico separou o mundo em espécies, gêneros e reinos distintos, o que enfatiza nossas diferenças em vez de ressaltar o que temos em comum. Porém, depois de comungar com um deva associado a um penhasco próximo à cidade de Peulla, no Chile, percebi que a divisão da natureza em três "reinos" distintos e separados (animal, vegetal e mineral) é uma ilusão. Todo o mundo está ligado a *um único reino*. Embora um ser humano e um penhasco sejam extremamente diferentes em aparência e expressão, o penhasco

Faia amarela, perto de Pucón, Chile

Oceano Pacífico, Pacific Grove, Califórnia

é um dos aspectos de um planeta vivo, com um papel específico a desempenhar dentro do plano da evolução.

Todos os membros da comunidade da Terra — sejam homens, plantas, mares ou rochas — têm elementos comuns. Ao chupar uma laranja, por exemplo, integramos a nosso organismo o fruto de uma árvore; esse vegetal que gerou a fruta recebeu seu alimento da água e dos minerais encontrados no solo. Essa fruta e esses minerais tornam-se carne e osso, além de nos proporcionar a energia vital de que precisamos para sobreviver. E quando morremos, nosso corpo devolve ao solo esses minerais e demais matérias orgânicas. Essa "base comum" cria uma sintonia consciente com o restante da natureza, que se torna uma importante fonte de cura — provenha essa cura diretamente da energia dévica por meio de essências florais, plantas medicinais ou óleos essenciais.

A citação é de Nick Gordon, presidente da Emissaries Foundation: "Dentro da comunidade, acho que somos um o remédio do outro." Ele quer dizer que ao partilhar nossos dons não apenas ajudamos uns aos outros a alcançar a cura, mas contribuímos para a regeneração da Terra através da participação ativa na comunidade mundial mais ampla. Donald M. Epstein, em *The Twelve Stages of Healing,** diz o seguinte:

> O aspecto espiritual da cura exige uma ligação com os níveis mais profundos do ser, onde habita nossa inteligência inata. Ao nos ligarmos aos nossos ritmos internos e a um maior sentimento de totalidade, começamos a perceber os ritmos, a completude e as interligações que nos cercam, e isso acaba se expandindo até incluir toda a comunidade humana e planetária.

À medida que aprendemos a curar a nós mesmos, naturalmente procuramos também espalhar cura à nossa volta. Essa idéia está em sintonia com a dos xamãs dos índios americanos, que consideravam todos os aspectos da natureza como dependentes uns dos outros. Da mesma maneira que dependemos da Mãe Terra, ela também depende da humanidade. Ao mesmo tempo em que a Terra nos dá a cura, podemos ajudar na regeneração da Terra. Essa é uma parte vital da nossa tarefa como membros da comunidade planetária.

Cada ser humano tem dons únicos, que constituem uma expressão natural de quem somos. Como conseqüência, cada um de nós sente-se naturalmente atraído por áreas de interesse distintas. Nossa tarefa mais importante é descobrir o que desperta as nossas verdadeiras paixões, e lutar para manifestá-las na comunidade mais ampla.

Num nível básico, precisamos aprender a "caminhar suave-

* *Os 12 Estágios da Cura*, publicado pela Editora Pensamento, São Paulo, 1996.

mente" sobre a Terra. Numa sociedade que dá grande valor aos bens materiais, muitas vezes é difícil diferenciar as necessidades reais das ilusórias. Para muitas pessoas, mesmo as necessidades básicas de vestuário, alimentação e abrigo acabam distorcidas. Comemos mesmo quando não estamos com fome, temos roupas no armário que nunca (ou raramente) vestimos, e a nosso ver, uma casa só se torna de fato um lar se houver eletrodomésticos, equipamentos eletrônicos, veículos motorizados, móveis e outros objetos de que na verdade não precisamos, ou que raramente usamos. O dinheiro — ou a "energia verde" — é muitas vezes acumulado com o simples objetivo de fazer mais dinheiro, e não em virtude de qualquer necessidade concreta.

Adotar uma alimentação vegetariana e optar pela adubação orgânica, reciclar latas, garrafas e papel, economizar energia e buscar fontes de energia renováveis, limitar as compras àquilo que realmente precisamos e investir nosso dinheiro em companhias que sejam sensíveis às necessidades do planeta são atitudes que não só ajudarão a regenerar a Terra, mas também farão que nos tornemos cada vez mais sensíveis às necessidades dela. Embora seja impossível contribuir com todas as organizações ecológicas, podemos canalizar nossa energia (a "verde" e as outras) às organizações e grupos cujos objetivos e atividades estejam em harmonia com os nossos. Manifestar diariamente nossa sensibilidade e respeito com relação à natureza cria em nós uma sintonia que agrada e favorece sua comunicação conosco.

Preservar as florestas é, para mim, algo fundamental. Protegê-las e preservá-las é crucial, não somente do ponto de vista ecológico, mas porque são uma importante fonte de sabedoria e de energia espirituais que o planeta precisa para sobreviver. Durante a visita à bela Reserva Florestal Monteverde, na Costa Rica, senti que a mata incorporava a essência daquilo que constitui um templo sagrado natural. Enquanto meditava num local de ventos fortes, no caminho de Peñas Blancas, fui inspirado a anotar no caderno as seguintes impressões:

Ao contrário dos locais de adoração construídos pelo homem, essa floresta é um templo vivo em todos os sentidos da palavra. Embora seja possível encontrar beleza, energia e paz numa igreja, sinagoga ou mesquita, é impossível comparar essas qualidades com a presença de Deus que se pode sentir aqui.

Tantas religiões procuram preservar seus templos, e os membros dessas congregações devotam tempo, dinheiro e energia para conservá-los. Ao preservar esses templos, vocês preservam um santuário que é de suma importância para sua vida espiritual. E desejam que esse templo sirva às gerações futuras, que assim estreitarão os laços com o Criador.

É ainda mais importante para vocês salvar templos vivos como este: uma floresta que lhes oferece literalmente tudo o que o corpo e a alma podem querer: oxigênio, água, beleza e abrigo; cura, força, enlevo e paz. Esta floresta proporciona a vocês os elos mais íntimos com as entidades dos reinos espirituais, os seres brilhantes, os devas. Proporciona também a presença do Grande Espírito que a tudo abrange.

No entanto, preservar florestas requer dinheiro. É preciso gerar energia para supervisionar essa proteção. É preciso ter inteligência e conscientização para compreender as obras da natureza num sistema florestal como este.

Peço a vocês que descubram uma forma de ajudar a preservar este templo, assim como outros templos semelhantes ao redor do mundo. Vejam como podem ajudar compartilhando sua energia. Doem dinheiro a grupos que preservem e expandam as florestas. Aprendam mais sobre as matas e sobre os seres que nelas habitam. Contem aos outros as experiências que tiveram aqui, para que eles possam prová-las também. Pensem no que podem fazer para contribuir com a nossa proteção e preservação.

PERSPECTIVAS EM CONTÍNUA EXPANSÃO

Podemos mudar nossas perspectivas e nos abrir às possibilidades que a comunhão com a natureza pode proporcionar. Como filhos da Mãe Terra, e membros da família terrestre, somos parte do "panorama planetário mais amplo". Como elementos vivos, pulsantes, do planeta, temos um conhecimento inato dos segredos que fazem parte da essência da Terra. *Já* sabemos o que precisamos — nós e a Mãe Terra — para obter a cura; as respostas estão dentro de nós, embora às vezes possa ser necessário relembrá-las!

Como todos os seres vivos, nosso lar planetário está mudando constantemente. E mudança, transição e transformação são aspectos essenciais de um processo vivo. Ao nos ligarmos à terra, e ao trabalhar com os seres da natureza nos planos sutis da existência, aos poucos ficamos mais conscientes desses ritmos da Terra, da sabedoria e das transições deste planeta — e de nossos próprios ritmos, sabedoria e transições.

A realidade viva é sempre uma realidade em transformação. Quando aceitamos a realidade da mudança, passamos a ficar mais abertos àquilo que o "agora" tem a nos ensinar. À medida que aprofundamos nossas ligações com a natureza e nos dedicamos ao processo contínuo de aprendizagem, trabalho e cura, começamos a participar de um ciclo benigno: um movimento em espiral contínuo de perspectivas cada vez mais amplas, compreensão mais profunda, sintonização, integração e cura ativa.

Oh! Vida Oculta que Vibra em Cada Átomo
Oh! Luz Oculta, que Brilha em Cada Criatura
Oh! Amor Oculto, que Envolve Todos na Unidade.
Que cada um de nós que se sente Uma Coisa Só conTigo
Possa saber que somos, portanto, Uma Coisa Só com todos os outros.
PAZ A TODOS OS SERES.

Referências Bibliográficas

Capítulo 1

Godwin, Malcolm. *Angels: An Endangered Species.* Nova York: Simon & Schuster, 1990.

Gold, Peter. *Navajo and Tibetan Sacred Wisdom: The Circle of the Spirit.* Rochester, Vt.: Inner Traditions, 1994.

Hodson, Geoffrey. *Clairvoyant Investigations.* Wheaton, Ill. Quest Books, 1987.

______. *The Kingdom of the Gods.* Adyar, Índia: The Theosophical Publishing House, 1970. [*O Reino dos Deuses,* publicado pela Editora Pensamento, São Paulo, 1982.]

______. *Man's Supersensory and Spiritual Powers.* Adyar, Índia: The Theosophical Publishing House, 1964.

Kunz, Dora Van Gelder. *Angels and Devas.* Fita cassete. Craryville, N.Y.: Pumpkin Hollow Farm, s.d.

Lattimore, Richmond, trad. *The Odyssey of Homer.* Nova York: HarperCollins, 1975.

Lawlor, Robert. *Voices of the First Day.* Rochester, Vt.: Inner Traditions, 1991.

Parisen, Maria, org. *Angels and Mortals: Their Co-Creative Power.* Wheaton, Ill.: Quest Books, 1990.

Ponce, Charles. *Kabbalah.* Wheaton, Ill.: Quest Books, 1978.

Smith, Joseph, Jr., trad. *The Book of Mormon.* Salt Lake City: Igreja de Jesus Cristo dos Santos dos Últimos Dias, 1985.

Southern Centre of Theosophy. *Devas and Men.* Adyar, Índia: The Theosophical Publishing House, 1977.

Steiner, Rudolf. *The Mission of the Archangel Michael.* Spring Valley, N.Y.: The Anthroposophic Press, 1961.

Wright, Machaelle Small, trad. *Co-Creative Definitions Dealing with Nature, Life, Science, the Universe and All Else.* Warrenton, Va.: Perelandra, Ltd., 1990. Monografia.

_____. *Perelandra Garden Workbook.* Jeffersonton, Va.: Perelandra, Ltd., 1987.

Capítulo 2

Altman, Nathaniel. *Sacred Trees.* San Francisco: Sierra Club Books, 1994.

Bolívar Arostegui, Natalia. *Los orishas en Cuba.* Havana: Ediciones Unión, 1990.

Bondi, Julia, com Nathaniel Altman. *Lovelight.* Nova York: Pocket Books, 1989.

Buck, Peter (Te Rangi Hiroa). *The Coming of the Maori.* Wellington: Whitcombe and Tombs, 1974.

Cabrera, Lydia. *El Monte.* Miami: Ediciones Universal, 1992.

Densmore, Frances. "Notes on the Indians' Belief in the Friendliness of Nature". *Southwestern Journal of Anthropology* 4 (1948).

Devall, Bill e George Sessions. *Deep Ecology.* Salt Lake City: Peregrine Smith Books, 1985.

Eliade, Mirçea, org. *The Encyclopedia of Religion.* Vol. 15. Nova York: Macmillan, 1987.

Green, Marian. *The Elements of Natural Magic.* Rockport, Mass.: Element Books, 1989.

Grimal, Pierre, org. *Larousse World Mythology.* Nova York: G. P. Putnam's Sons, 1965.

Hastings, James, org. *Encyclopedia of Religion and Ethics.* Vol. 9. Nova York: Charles Scribner's Sons, s.d.

Hodson, Geoffrey. *The Brotherhood of Angels and of Men.* Londres: The Theosophical Publishing House, 1957. [*A Fraternidade de Anjos e de Homens,* publicado pela Editora Pensamento, São Paulo, 1963.]

______. *Clairvoyant Investigations.* Wheaton, Ill.: Quest Books, 1987.

______. *The Kingdom of the Gods.* Adyar, Índia: The Theosophical Publishing House, 1970. [*O Reino dos Deuses*, publicado pela Editora Pensamento, São Paulo, 1982.]

Hultkranz, Ake. *Belief and Worship in Native North America.* Nova York: Syracuse University Press, 1981.

King, Serge. *Kahuna Healing*. Wheaton, Ill.: Quest Books, 1983.
Kunz, Dora Van Gelder. *Devic Consciousness*. Craryville, N.Y.: Pumpkin Hollow Farm, 1989.
Lake, Robert (Medicine Grizzlybear). "Power Centers", *The Quest* 2 (inverno de 1989).
Larrington, Carolyne, org. *The Feminist Companion to Mythology*. Nova York: Pandora Press, 1992.
Lawlor, Robert. *Voices of the First Day*. Rochester, Vt.: Inner Traditions, 1991.
Leadbeater, C. W., *The Hidden Side of Things*. Adyar: The Theosophical Publishing House, 1954. [*O Lado Oculto das Coisas*, publicado pela Editora Pensamento, São Paulo, 1977.]
Maclean, Dorothy. *To Honor the Earth*. San Francisco: HarperSanFrancisco, 1991.
Mercatante, Anthony S. *The Facts on File Encyclopedia of World Mythology and Legend*. Nova York: Facts on File, 1988.
Mora Penroz, Ziley. *Verdades Mapuches de alta magia para reencantar la tierra de Chile*. Temuco: Editorial Kushe, 1989.
Parisen, Maria, org. *Angels and Mortals: Their Co-Creative Power*. Wheaton, Ill.: Quest Books, 1990.
Paulson, Ivar. *Old Estonian Folk Religion*. Bloomington: Indiana University Press, 1971.
Piggott, Stuart. *The Druids*. Londres: Thames and Hudson, 1975.
Rosa, José Alberto, e Nathaniel Altman. *Finding Your Personal Power Spots*. Londres: Aquarian Press, 1986.
Sheehan, Molly. *A Guide to Green Hope Farm: Flower Essences*. Meriden, N.H.: Green Hope Farm, 1994.
Swan, James A. *The Power of Place*. Wheaton, Ill.: Quest Books, 1991.
Wright, Machaelle Small. *Perelandra Garden Workbook*. Jeffersonton, Va.: Perelandra, Ltd., 1987.

Capítulo 3

Gaines, David, org. *Mono Lake Guidebook*. Lee Vining, Calif.: Mono Lake Committee, 1989.
Devall, Bill e George Sessions. *Deep Ecology*. Salt Lake City: Peregrine Smith Books, 1985.
Harman, Willis W. "The Transpersonal Challenge to the Scientific Para-

digm: The Need for a Restructuring of Science". *ReVISION* 11, n.º 2 (outono de 1988): 13-21.

Lawlor, Robert. *Voices of the First Day*. Rochester, Vt.: Inner Traditions, 1991.

Nichols, Ross. *The Book of Druidry*. Wellingborough: Aquarian Press, 1990.

Rosa, José Alberto, e Nathaniel Altman. *Finding Your Personal Power Spots*. Londres: Aquarian Press, 1983.

Sheldrake, Rupert. *The Rebirth of Nature*. Nova York: Bantam Books, 1991. [*O Renascimento da Natureza*, publicado pela Editora Cultrix, São Paulo, 1993.]

Capítulo 4

Bailey, Alice. *Glamour: A World Problem*. Nova York: Lucis Publishing Co., 1950.

Capra, Fritjof. *The Turning Point*. Nova York: Simon & Schuster, 1982. [*O Ponto de Mutação*, publicado pela Editora Cultrix, São Paulo, 1980.]

Hodson, Geoffrey. *The Kingdom of the Gods*. Adyar, Índia: The Theosophical Publishing House, 1970.

La Rotta, Constanza, et. al. *Especies Utilizadas por la Comunidad Miraña*. Bogotá: FEN, s.d.

Lawlor, Robert. *Voices of the First Day*. Rochester, Vt.: Inner Traditions, 1991.

Morley, Sylvester M., e Olivia Gilliam, org. *Respect for Life*. Nova York: Myrin Institute Books, 1974.

Pavlik, Bruce M. et. al. *Oaks of California*. Los Olivas, Calif.: Cachume Press, 1991.

Perkins, John. *The World Is As You Dream It*. Rochester, Vt.: Destiny Books, 1994.

Swan, James A. *The Power of Place*. Wheaton, Ill.: Quest Books, 1991.

Capítulo 5

Altman, Nathaniel. *The Nonviolent Revolution*. Shaftsbury, Inglaterra: Element Books, 1989.

Devall, Bill e George Sessions. *Deep Ecology*. Salt Lake City: Peregrine Smith Books, 1985.

Foster, Steven e Meredith Little. *The Book of the Vision Quest*. Nova York: Prentice Hall Press, 1987.

Green, Marian. *The Elements of Natural Magic*. Rockport, Mass.: Element Books, 1989.

Jain, Champat Rai. *Fundamentals of Jainism*. Meerut, Índia: Veer Nirvan Bharti, 1974.

Joy, Charles R., org. *Albert Schweitzer: An Anthology*. Boston: The Beacon Press, 1947.

Laxmansurishverji, Vijaya. *Atma Tatva Vichar*. Bombaim: Damji Jethabhai, 1963.

Macquarrie, Kim. *Spirits of the Rainforest*. Discovery Communications, Inc., 1963. Vídeo.

Morley, Sylvester M. e Olivia Gilliam, orgs. *Respect for Life*. Nova York: Myrin Institute Books, 1974.

Parry, Danaan e Lila Forest. *The Earthsteward's Handbook*. Cooperstown, N.Y.: Sunstone Publications, 1987.

Seed, John, et. al. *Thinking Like a Mountain*. Filadélfia: New Society Publishers, 1988.

Capítulo 6

Beck, Peggy V., et. al. *The Sacred*. Flagstaff, Ariz.: Northland Publishing Co., 1990.

Day, Rick. *Newsletter of the Center for the Living Force*. Setembro, 1975.

Hammarskjold, Dag. *Markings*. Londres: Faber & Faber, 1964.

Lau, D. C., trad. *Tao Te Ching*. Baltimore: Penguin Books, 1963. [*Tao-Te King*, publicado pela Editora Pensamento, São Paulo, 1987.]

Nasr, Seyyed Hossein. *Man and Nature*. Londres: Mandala, 1990.

Perlin, John. *A Forest Journey*. Cambridge, Mass.: Harvard University Press, 1989.

Capítulo 7

Bondi, Julia, e Nathaniel Altman. *Lovelight*. Nova York: Pocket Books, 1989.

Eliade, Mircea, org. *The Encyclopedia of Religion*. Vol. 8. Nova York: Macmillan, 1987.

Gold, Peter. *Navajo and Tibetan Sacred Wisdom: The Circle of the Spirit*. Rochester, Vt.: Inner Traditions, 1994.

Harner, Michael. *The Way of the Shaman*. Nova York: Bantam Books, 1982. [*O Caminho do Xamã*, publicado pela Editora Pensamento, São Paulo, 1989.]

Hastings, John, org. *Encyclopedia of Religion and Ethics*. Vol. 9. Nova York: Charles Scribner's Sons, s.d.

Leach, Marjorie. *Guide to the Gods*. Santa Barbara: ABC-CLIO, 1992.

Lurker, Manfred. *Dictionary of Gods and Goddesses, Devils and Demons*. Londres: Routledge, 1988.

Rosa, José Alberto, com Nathaniel Altman. *Finding Your Personal Power Spots*. Londres: Aquarian Press, 1983.

Capítulo 8

Bailey, Alice. *Letters on Occult Meditation*. Nova York: Lucis Publishing Co., 1950. [*Cartas sobre Meditação Ocultista*, publicado pela Editora Pensamento, São Paulo, 1984.]

Hodson, Geoffrey. *The Brotherhood of Angels and of Men*. Londres: Theosophical Publishing House, 1957.

Parisen, Maria, org. *Angels and Mortals: Their Co-Creative Power*. Wheaton, Ill.: Quest Books, 1990.

Rosa, José Alberto, com Nathaniel Altman. *Finding Your Personal Power Spots*. Londres: Aquarian Press, 1983.

Schimmel, Annemarie. *Mystical Dimensions of Islam*. Chapel Hill: University of North Carolina Press, 1975.

Southern Centre of Theosophy. *Devas and Men*. Adyar, Índia: The Theosophical Publishing House, 1977.

Capítulo 9

Decter, Jacqueline. *Nicholas Roerich*. Rochester, Vt.: Park Street Press, 1989.

The Findhorn Community. *The Findhorn Garden*. Nova York: HarperCollins, 1975.

Kaplan, Rachel, e Steven Kaplan. *The Experience of Nature*. Nova York: Cambridge University Press, 1989.

Kunz, Dora Van Gelder. *Angels and Devas*. Fita cassete. Craryville, N.Y.: Pumpkin Hollow Farm, s.d.

Southern Centre of Theosophy. *Devas and Men*. Adyar, Índia: The Theosophical Publishing House, 1977.

Tompkins, Peter, e Christopher Bird. *The Secret Life of Plants*. Nova York: Harper & Row, 1973.

Wright, Machaelle Small. *Perelandra Garden Workbook*. Jeffersonton, Va.: Perelandra, Ltd., 1987.

Wright, Patricia C., e Richard D. Wright. *The Divining Heart.* Rochester, Vt.: Destiny Books, 1994.

Capítulo 10

Earthsave Foundation. *Our Food Our World.* Santa Cruz, Calif.: Earthsave Foundation, 1992.

Epstein, Donald, com Nathaniel Altman. *The Twelve Stages of Healing.* San Rafael: New World Library, 1994.

Hodson, Geoffrey. *The Brotherhood of Angels and of Men.* Londres: The Theosophical Publishing House, 1957. [*A Fraternidade de Anjos e de Homens*, publicado pela Editora Pensamento, São Paulo, 1963.]

Recursos

Centros de Pesquisa Dévica
The Findhorn Community
The Park
Forres IV36 OTZ
Scotland
Comunidade espiritual no norte da Escócia, a Findhorn oferece aulas, cursos, oficinas e publicações sobre a co-criação com a natureza e outros temas da Nova Era.

Perelandra, Ltd.
PO Box 3603
Warrenton, VA 22186
USA
Uma comunidade privada, com um famoso jardim. Embora seja preferível marcar sua visita antecipadamente, a Perelandra oferece seminários anualmente e uma seleção de obras, fitas cassetes e essências florais preparadas com a colaboração dos devas.

Visitas a Culturas Indígenas dos Estados Unidos
Journeys into American Indian Territory
PO Box 929
Westhampton Beach, NY 11978
USA
Oferece excursões para estudo, proporcionando livre acesso à vida de comunidades indígenas dos Estados Unidos, incluindo os comanches, os kiowas, os arapahos, os apaches, os ojibways e os pumas. Os membros da

excursão acampam em tendas *tipis* e em outras habitações nativas tradicionais, aprendem danças tribais, comem alimentos típicos, tomam parte em cerimônias e aprendem sobre as crenças tradicionais desses povos.

Livros e fitas recomendados

Nathaniel Altman. *Sacred Trees* (Sierra Club Books, 1994). Um livro sobre a relação especial da humanidade com as árvores ao longo da História. Essa obra foi inspirada e organizada por meio do contato com devas e espíritos da natureza. Inclui muitas ilustrações antigas e raras de árvores.

The Findhorn Community. *The Findhorn Garden* (Nova York: HarperCollins, 1975). Um livro clássico sobre o Jardim Findhorn e sobre o trabalho sem igual da comunidade com os seres dévicos.

Marian Green. *The Elements of Natural Magic* (Rockport, Mass.: Element Books, 1989). Um guia prático que nos ajuda a entrar em harmonia com a natureza, celebrar as estações e usar a magia como um poder para fazer mudanças positivas.

Geoffrey Hodson. *The Brotherhood of Angels and of Men* (Londres: The Theosophical Publishing House, 1957). Publicado pela primeira vez em 1927, esse livro inspirador contém algumas das primeiras mensagens recebidas por Hodson de membros do reino angélico. *The Kingdom of the Gods* (Adyar, Índia: The Theosophical Publishing House, 1970) é um livro clássico sobre os reinos dévicos, escrito por esse célebre professor e sensitivo. É ricamente ilustrado com desenhos coloridos baseados em suas observações clarividentes. *Clairvoyant Investigations* (Wheaton, Ill.: Quest Books, 1987) pode ser considerado um segundo volume de *The Kingdom of the Gods*, com observações extraídas dos registros posteriores de Hodson. Inclui ilustrações coloridas de devas, pintadas por artistas diversos.

Dora Van Gelder Kunz. *Angels and Devas* e *Trees and Self-Confidence* (Pumpkin Hollow Farm, RR#1, Box 135, Craryville, NY 12521). Duas fitas cassetes de palestras informais dadas num acampamento teosófico pela renomada clarividente e co-promotora da modalidade de cura Toque Terapêutico.

Dorothy Maclean. *To Honor the Earth* (San Francisco: HarperSanFrancisco, 1991). Um belo livro de mensagens inspiradoras de espíritos da natureza, na forma como foram recebidas por Maclean, acompanhadas de deslumbrantes fotografias de plantas, montanhas, lagos e paisagens, de autoria de Kathleen Thormond Carr.

Maria Parisen, org. *Angels and Mortals: Their Co-Creative Power* (Wheaton, Ill.: Quest Books, 1990). Uma coleção diversificada de ensaios sobre membros dos reinos angélicos e nossas relações com eles.

Elizabeth Roberts e Elias Amidon, orgs. *Earth Prayers* (Nova York: HarperCollins, 1991). Uma esplêndida compilação de orações, de várias regiões do mundo, em favor da Terra.

José Alberto Rosa, com Nathaniel Altman. *Finding Your Personal Power Spots* (Londres: Aquarian Press, 1986). Um guia para entrar em contato com nossos centros energéticos internos e também com os locais energéticos externos da natureza. Baseado em parte nos ensinamentos tradicionais do candomblé do Brasil.

Molly Sheehan. *A Guide to Green Hope Farm: Flower Essences* (Meridan, N.H.: Green Hope Farm, 1994). Fruto de um belo trabalho de pesquisa, esse livro, além de ser um guia para o uso de essências florais, também traz informações sobre como os devas podem auxiliar na cura.

Southern Centre of Theosophy. *Devas and Men* (Adyar, Índia; The Theosophical Publishing House, 1977). Uma vasta compilação de estudos teosóficos sobre o reino angélico, realizada por um grupo de estudantes australianos. Inclui algumas ilustrações em cores.

Machaelle Small Wright. *Behaving As If the God in All Life Mattered* (Jeffersonton, Va.: Perelandra Ltd., 1987). Esse livro sobre a ecologia da Nova Era descreve as primeiras experiências de Wright com devas e espíritos da natureza, e inclui revelações sobre os reinos vegetal e animal. *Perelandra Garden Workbook* (Jeffersonton, Va.: Perelandra, Ltd., 1987) é um guia completo para a jardinagem com devas e espíritos da natureza, escrito pela fundadora do Perelandra, um centro igual a nenhum outro para a pesquisa da natureza dentro da tradição da Comunidade Findhorn.

O REINO DOS DEUSES

Geoffrey Hodson

A tradição religiosa da existência de Anjos e Arcanjos, no cristianismo, no judaísmo e no islamismo, ou no jainismo, no budismo e no hinduísmo, com a denominação de Devas e Mahadevas, é realmente muito antiga. Uma vasta literatura a respeito fala de inúmeras e variadas hostes angélicas, as quais, hierarquicamente, desempenham as funções mais diversificadas em benefício de todos os seres viventes.

Inglês de nascimento, o Autor, que é médico, ocultista e teósofo dotado de faculdades hipersensíveis, desde a juventude sentiu forte inclinação para aquelas linhas de estudo, tendo produzido numerosas obras de peso e realizado conferências públicas na Austrália, na Nova Zelândia, na Índia, na Europa e na América, bem como promovido cursos e pesquisas em diversos centros culturais.

Nesta obra notável que o leitor ora tem em mãos, ilustrada por dezenas de lâminas coloridas, numa linguagem simples e objetiva, Geoffrey Hodson nos oferece um estudo rico e penetrante de muitas hostes angélicas, classificando e descrevendo-lhe as funções construtivas e humanitárias. Apresenta um quadro vivo da Cabala, de que, com lucidez, revela o real sentido das "Emanações angélicas", mais conhecidas por "os Dez Sephiroth", e o seu desempenho na hierarquia espiritual e interna do mundo.

Trata, por fim, de temas práticos e relevantes, tais como: o cerimonial como um dos meios de cooperação entre anjos e homens, a cooperação angélica nas religiões dos maias, hindus e judeus, os três anjos curadores, o milagre do nascimento e a excelsa Mãe do Mundo, a compassiva protetora dos aflitos.

O RENASCIMENTO DA NATUREZA

Rupert Sheldrake

"*O Renascimento da Natureza* é um vigoroso antídoto contra a horda atual de profetas da ruína planetária. Fundamentado na ciência, Sheldrake descreve nossas ligações com a Terra e o universo — ligações essas que operam nos mais profundos níveis da mitologia e do inconsciente coletivo. Este livro coloca a 'ecologia' num nível novo, como modo de *ser*, não apenas de fazer."

Larry Dossey, M.D.
autor de *Reencontro com a Alma*

"Nos últimos séculos, no Ocidente, uma minoria esclarecida tem acreditado que nosso planeta está morto, que ele é apenas uma esfera nebulosa de rocha inanimada precipitando-se ao redor do Sol numa corrida controlada por leis mecânicas. Trata-se de uma opinião que se revela bastante excêntrica quando examinada no âmbito de um contexto humano mais amplo. Ao longo de toda a história, praticamente toda a humanidade (e a maior parte dela ainda hoje) aceita como verdadeiro o fato de que a Terra é viva. (...)

"Nossa dependência humana com relação aos processos vivos da Terra foi amplamente esquecida com o crescimento da civilização industrial. Estamos agora sendo forçados a nos lembrar de que Gaia é maior do que nós, e que a economia humana se acha alojada dentro da ecologia da biosfera. (...) Nossas atividades não se acham separadas da Terra. Vivemos no seu interior. Se a negligenciamos na busca de nossas metas humanas, pomos em perigo a nossa própria sobrevivência."

Rupert Sheldrake

© JERRY BAUER

Sobre o Autor

Biólogo e filósofo da natureza, Rupert Sheldrake nasceu em 1942. Estudou filosofia em Harvard e diplomou-se em bioquímica pela Universidade de Cambridge. Suas teses e teorias revolucionárias — como a dos campos morfogenéticos — causam polêmica no meio científico por abalarem as "verdades" já estabelecidas. O seu lema é o de que "raciocinar tem de ser divertido", e é isso o que ele faz ao discutir as idéias sobre Deus e o mundo, ciência e transcendência, caos e criatividade.

EDITORA CULTRIX

A FRATERNIDADE DE ANJOS E DE HOMENS

Geoffrey Hodson

A existência dos anjos e a sua dinâmica atuação na vida de todos os povos existiu sempre, constituindo mesmo uma longa e ininterrupta tradição. Este volume, pequeno na forma, mas grande no conteúdo, tem o mérito de reformular, em linguagem simples, lógica e clara, um tema luminoso, que, por ter andado tão encoberto por superstições e crendices e pela descrença dos desesperados, esteve a ponto de perder a delicada poesia de outros tempos e a reduzir-se a um culto mecanicista, para, praticamente, cair num estado de letargia. E quem mais tem sofrido os efeitos disso tem sido a parcela sofredora da Humanidade, "os humilhados e ofendidos", que, desse modo, foi privada da assistência benéfica de seres tão reais quão solícitos e poderosos.

EDITORA PENSAMENTO

O LADO OCULTO DAS COISAS

C. W. Leadbeater

"Oculto é o que está fora da percepção dos sentidos externos, porém que é perfeitamente perceptível e compreensível à interior inteligência espiritual, depois de se haverem desenvolvido e ativado os sentidos internos do homem". (Dr. Franz Hartmann). C. W. Leadbeater, autor deste livro extraordinário, teve seus sentidos internos altamente desenvolvidos e é considerado um dos mais profundos ocultistas do século vinte.

Desde moço ele se interessara pelo espiritismo e os fenômenos psíquicos, que no fim do século XIX empolgaram os maiores expoentes do mundo científico. Em 1883, após a leitura do livro O Mundo Oculto, *de A. P. Sinnett, que lhe caiu nas mãos, encontrou-se com Helena P. Blavatsky e dela se tornou discípulo fiel. Leadbeater, que faleceu em 1934, dedicou-se, durante cerca de cinqüenta anos, ao estudo e vivência do Ocultismo e de suas leis, numa época carregada de superstições, preconceitos e incompreensões de toda a espécie, e legou à humanidade uma vasta literatura no gênero, a qual prima por sua objetividade científica e clareza didática.*

O LADO OCULTO DAS COISAS *é produto de muitos anos de seus meticulosos estudos da face oculta da Natureza, ou antes, segundo suas próprias palavras, "de* toda *a Natureza, ao invés de apenas uma pequena parte dela, que é quanto alcançam as investigações da ciência moderna". Neste livro, o autor revela, sobretudo, uma infinidade de fatores visíveis e invisíveis, favoráveis ou desfavoráveis, a que todo ser humano está inconscientemente sujeito, e ao mesmo tempo indica qual deve ser, segundo a circunstância, a sua reação inteligente e construtiva. Trata-se, sem dúvida, de uma obra altamente instrutiva e educativa, recomendável a todo educador e pesquisador, e digna de figurar em qualquer biblioteca para consultas e orientações.*

EDITORA PENSAMENTO

O CAMINHO DO XAMÃ

Michael Harner

O antropólogo Michael Harner leva-nos com este livro a viver uma odisséia pessoal até a fonte da cura xamânica, o nosso eu mais profundo. Passo a passo, ele ensina ao leitor técnicas e exercícios simples para alcançar os estados alterados de consciência sem drogas — o caminho do xamã para a integridade psicofísica e a cura. No xamanismo, antigo sistema pouco conhecido no Ocidente, está um auxiliar inestimável da medicina moderna, e um trabalho cativante de investigação psicológica e espiritual.

* * *

Michael Harner é professor de antropologia na Graduate Faculty of the News School for Social Research de Nova York. Foi professor visitante nas Universidades de Columbia e Yale, e na Universidade da Califórnia, em Berkeley, onde recebeu seu Ph.D. e serviu como diretor-assistente do Museu Lowie de Antropologia. Seu trabalho de pesquisa levou-o repetidas vezes ao Alto Amazonas, às florestas da América do Sul, bem como ao oeste da América do Norte e ao México.

EDITORA CULTRIX

CARTAS SOBRE MEDITAÇÃO OCULTISTA

Alice A. Bailey

Segundo o *Eclesiastes,* do nascer ao morrer, há um tempo para todas as coisas: há um tempo para plantar, outro para arrancar o plantado; um tempo para amar, outro para odiar; e até um tempo para a guerra e um tempo para a paz.

Também haverá um tempo para a meditação. A ele o homem só chega depois de muitas mudanças, depois de haver provado a taça do prazer e da dor e através de múltiplas experiências. É sobre ele que versam estas *Cartas Sobre Meditação Ocultista,* enviadas pelo Mestre Tibetano — Djwhal Khul — a um grupo de discípulos diretos e mais tarde transmitidas a Alice A. Bailey, que as fez editar.

Trata-se de um roteiro seguro para a conquista de um estado de equilíbrio, através da estabilização das vibrações do plano emocional. O ser humano aprende, ao segui-lo, a transferir a polarização do foco da consciência, elevando-o para os planos mais elevados da mente, até estabelecer contato com sua natureza superior.

O texto orienta sobre os aspectos criativos e destrutivos do uso da Palavra Sagrada e explica como contornar os possíveis riscos de uma meditação mal-praticada.

O livro cuida também da relação Mestre-discípulo, no sentido esotérico, e dos métodos de aproximação entre ambos.

Foi um desses Mestres que ensinou, "a alma humana medita de dia e de noite" — apenas o ego não tem disso imediata consciência.

A leitura dessa obra certamente tornará mais compreensível o antigo aforismo que diz, "quando o discípulo está pronto, o Mestre aparece".

EDITORA PENSAMENTO